学級経営サポートBOOKS

子どもを自立へ導く

学級経営ピラミッド

大前 暁政 著

明治図書

まえがき

　1年間で，すばらしい学級をつくりあげる教師がいる。
　ところが，次の年。
　担任が変わったとたん，その学級が荒れてしまうことがある。
　荒れないにしても，前年度に比べ，頑張らない方向に進むことがある。
　これは一体なぜなのだろうか。

　このことに対する答えは，よく次のように言われていた。
　「学級経営がうまくいくかどうかは，教師の力次第ですよ」
　確かに，その通りである。
　しかし，これは答えの半分でしかない。
　もう半分の答えは，別のところにある。
　なぜ，子ども達は荒れてしまったのだろうか。
　なぜ，前の年に比べて，頑張らなくなったのだろうか。
　答えは，前の年の学級経営では，「子どもが自立するまで育てることができなかったから」である。

　前年度の担任は，はたから見ると，一見すばらしい学級をつくりあげたように見えた。
　ところが，その実，教師の力強い統率で，子どもの荒れを制御していたに過ぎなかった。
　そんな事例が，少なくない。
　教師が必死になって，子どもの荒れを抑えていただけだったのである。

　反対に，こんな例もある。
　「幼稚園から荒れている」
　そう引き継ぎを受けた男の子。

高学年になっても荒れは続いており，学級崩壊の中心となっていた。
　小学生なのに，複数の中学生ととっくみあいの喧嘩をするほどの猛者である。
　授業もさぼるし，教師への暴言もひどく，地域からの苦情も絶えなかった。
　その子を受けもって１年。
　自分で自分を律することができるようになった。
　友達の気持ちを考えて行動できるようになった。
　そして，高い目標に挑戦することの充実感も体験した。
　１年後には，まるで別人のように，自分から頑張るようになったのである。
　そして，次の年。
　その子は，別の学級への配属となった。
　その学級には，たくさんのやんちゃな男の子がそろっており，２学期になって，学級が荒れる事態になった。
　ところが，その子は荒れに参加しなかった。
　それどころか，卒業までの１年間，高い目標を自分で設定し，頑張り続けたのである。
　卒業式の前日。下校時刻ぎりぎりになって，「先生，今年も１年間頑張り続けました」と報告にきてくれた。私は，しっかりとほめ，文集にメッセージを書いた。

　自立の姿勢が育った子どもは，学級担任から離れても，頑張り続けることができる。
　本書は，自立を促すための学級経営の方法について述べた。
　「最終的に教師がいなくても，１人で生きていけるまでに「自立」させる」
　そのような自立を促す学級経営が，教師の世界の常識になることを願って本書を送り出す。

2015年　大前暁政

目次

まえがき ……………………………………………………………… 2

第1章　子どもを自立へ導く学級経営ピラミッド

1　公教育が終わったときに，どんな人に育っていればよいですか ……………………………………………………………… 8
2　自立に必要な3つの資質 ……………………………………… 10
3　自立へ導く「学級経営の道筋」とは ………………………… 13
4　新しい時代に対応した「学級経営プログラム」 …………… 17
5　自立に向けた個人の成長モデル ……………………………… 24

第2章　規範意識を育てる

1　自由でのびのびとした雰囲気をつくる ……………………… 28
2　規律を浸透させ秩序をつくる ………………………………… 32
3　学級の「荒れ」を根本的に立て直す ………………………… 38
4　前向きな気持ちを学級に浸透させる ………………………… 42
5　望ましい考え方や生き方を語る ……………………………… 46
6　権利と義務を教えよう ………………………………………… 50
7　自律を促す ……………………………………………………… 54

第3章 共に生きる姿勢を育てる

1 子ども達と目指す姿を共有する ……………………………………… 60
2 学級集団の関係づくり強化への道筋 ………………………………… 63
3 「認め合い」を生み出す ……………………………………………… 68
4 差別・いじめをなくす ………………………………………………… 72
5 集団への所属感を高める ……………………………………………… 77
6 仲間をつくるための個別指導 ………………………………………… 83
7 共に力を合わせる喜びを体験させる ………………………………… 87
8 「協力の大切さ」を体験的に理解させる …………………………… 92
9 協調の大切さを教える ………………………………………………… 96

第4章 目標をもって努力を続ける姿勢を育てる

1 成功体験を保障する …………………………………………………… 100
2 やればできる事実を創る ……………………………………………… 104
3 「正しい教え方」+「あなたはできる」で子どもは変わる ……… 109
4 少々の失敗ではへこたれない気持ちを育てる ……………………… 113
5 頑張りを見落とさずに肯定的な言葉をかけ続ける ………………… 117
6 大きな目標に挑戦させよう …………………………………………… 121
7 未来への希望を描かせよう …………………………………………… 126
8 教師も子どもも互いに高め合うゴールを定める …………………… 129
9 自分の意思で歩む姿勢を育てる ……………………………………… 132

第5章 個人の自立と集団の自治を促す

1　精神的な自立を促す ………………………………………………… 136
2　リーダー体験を通して，よりよい集団をつくる力を育てよう ……………………………………………………………………… 140
3　学んだことを生かせるかどうか確認し，自分で考えて動く姿勢を育てる ……………………………………………………… 145
4　自分の意思で選択する場面を用意する ………………………… 149
5　自由な判断には自己責任が伴うことを教える ……………… 153
6　学級の自治を促す …………………………………………………… 157
7　学級自治の具体的内容と筋道 …………………………………… 163
8　人や社会に貢献する喜びを体験させよう ……………………… 168

あとがき …………………………………………………………………… 171

第 1 章

子どもを自立へ導く学級経営ピラミッド

第1章　子どもを自立へ導く学級経営ピラミッド

1 義務教育が終わったときに，どんな人に育っていればよいですか

教え子をどう育てるか。
教師なら，何らかのイメージをもっているはずである。

> 義務教育が終わったときに，どんなに人に育っていればよいですか。

教育が終わった後の，子どもの姿を描く。だからこそ，そのための手立ても決まってくる。一貫した指導，積み重ねのある指導が可能になる。
では，この質問に対する答えは，どのようなものだろうか。

1　教育の目的を大上段から考える

教育基本法第1条に，教育の目的が示されている。

> 　教育は，人格の完成を目指し，平和で民主的な国家及び社会の形成者として必要な資質を備えた心身ともに健康な国民の育成を期して行われなければならない。

さらに，義務教育の目的が，第5条の2に示されている。

> 　義務教育として行われる普通教育は，各個人の有する能力を伸ばしつつ社会において自立的に生きる基礎を培い，また，国家及び社会の形成者として必要とされる基本的な資質を養うことを目的として行われるものとする。

大切なキーワードは，「自立」である。「自立的に生きる基礎を培う」ことが，義務教育の1つの目的であり，ゴールとして挙げられているのである。

2 自立に必要な資質

　では,「自立」が意味する中身は何だろうか。

　子どもを教え導くには,「自立的に生きる基礎」の具体的な中身を, はっきりイメージする必要がある。

　本書では, 自立した人を, 次の資質（態度・姿勢）を備えた人であると定義する。

> ①規範意識をもって, 主体的に行動できる。
> ②公共の精神をもち, 他者と協調できる。
> ③自分の目標に向かって, 努力を続けていくことができる。

　これら３つの資質のうち, ①や②は, 日本古来の伝統的教育で大切にされてきた概念であった。

　ただし, ②の「公共の精神」は, 戦後の教育では弱かった部分であり, 平成18年に改正された教育基本法では,「公共の精神」が前文に追加されることとなった。

　③は, どちらかと言えば, 今までの日本の教育に足りなかった部分である。自分の目標に向かい, 誰に依存することもなく, 努力を続け, 自己実現をしていく資質である。このような, 自己実現の方法を教えていく教育は, あまりなされてこなかった。

　本書では, 自立に必要な資質を上のように定義し, これらの資質をもった子どもを育てていくための学級経営の方法を紹介していく。

第1章　子どもを自立へ導く学級経営ピラミッド

2　自立に必要な3つの資質

先に述べたように，自立に必要な資質は，次の3つにまとめられる。

①規範意識をもって，主体的に行動できる。
②公共の精神をもち，他者と協調できる。
③自分の目標に向かって，努力を続けていくことができる。

以下，これらの資質について詳しく解説していく。

1　規範意識をもって，主体的に行動できる

規範意識とは，道徳，倫理，規則に沿って行動しようとする意識である。言い方を変えれば，「モラル・ルール・マナー」を身につけることである。

モラル，ルール，マナーは，3つとも意味が異なる。モラルは道徳・倫理を指し，ルールは規則，マナーは行儀・作法・礼儀を指す。

例えば，「学校の規則」は，ルールに入る。「人のために動く」といった道徳的価値観は，モラルに入る。「あいさつ」はマナーに入る。

江戸時代の寺子屋では，手習いだけでなく，礼儀や規則，道徳性を子どもに身につけさせることが大切にされていた。寺子屋の中には，入門時に，礼儀作法や決まりを紙に書いて子どもに与えるところもあった。

そこには，学問の前に，まずは躾を徹底し，礼儀や規則，道徳性を子どもに身につけさせるべきだという意味が込められていたのである。

「学問の前に躾をしておく」という考え方は，明治時代にも引き継がれる。例えば，明治42年に教員としての心得をつくった錦織玄三郎校長は，「躾方を先にせよ」という言葉を残している（明治42年宮城県石巻尋常高等小学校

「當校教員注意要項」)。つまり，躾をきちんとしないと教育は成り立たないと考えられていたのである。

現代でも，学級びらきの最初に，「モラル・ルール・マナー」を教えることが大切になる。ルールを守ることすら，自分でできるようになるまで，数か月を要する子がいる。それは，それまでの生活の中で，ルールを教えることができなかった大人の責任である。

「主体的に行動できる」とは，誰かに依存することなく，自分で判断して動くことである。

自分の判断や行動には，自分が主導権と責任をもつということである。

誰かに言われるがままに動いているようでは，自立はおぼつかない。正しいと思う自分の道を，自分で選びとる姿勢を身に付けさせたい。

2 公共の精神をもち，他者と協調できる

「公共の精神」とは，自分のことだけでなく，まわりの人のことも考える精神である。集団のルールを守ったり，集団の中での役割を果たしたりすることである。

「他者との協調」とは，他者と良好な関係を築きながら，全体のために協力する姿勢である。

ポイントは，「協調」という言葉である。これは，例え利害が対立していても，みんなのためを考えて，力を合わせることができる資質を意味している。

このような資質を育てるには，人と協力して何かを成し遂げる達成感を味わわせることが必要になる。達成感があるからこそ，次もまた協力しようと思うことができる。

注意したいのは，公共の精神をもちすぎると，自己犠牲にまで至る極端な例があることである。滅私奉公がいきすぎて，他人や社会のために自分のやりたいことや，生活を犠牲にすることがあってはならない。

あくまで，バランスのよい社会性を育てていくことを目的としたい。

3 自分の目標に向かって，努力を続けていくことができる

　先に述べた①の資質は，個人の「自律」を促すものである。
　そして，②の資質は，「社会性」を育てるものである。
　個人の自律を促し，社会性を育てることは，自立には不可欠である。
　自律ができず，社会性もない状態は，社会を混乱させる元になってしまう。
　公共の場で堂々と化粧をし，所構わず携帯電話で会話をしている状態。
　これは，自律や「公」の意識（＝社会性）の欠如が原因である。
　自律と社会性は，絶対に教えなくてはいけない。
　しかしながら，それで終わってはならない。
　子どもに，「自己実現の方法」を教えなくてはならない。
　自分が心から望んだ目標を設定させる。
　そして，その目標に向かっての努力を促していく。
　最終的に，目標を達成したときの充実感を味わわせる。
　このような体験をさせる必要がある。
　ポイントは，誰に依存することなく，自分の意思で目標に向かう姿勢を育てることである。依存心は，自立を阻害してしまう。あくまでも，自分の目標に向かって，努力を続ける姿勢を育てていかなくてはならない。
　また，「努力を続ける」には，あきらめない気持ちを育てる必要がある。
　大きな目標に挑戦していれば，困難や失敗が起きることがある。
　そのようなとき，教師が励まして，再び歩み始めるよう導く必要がある。
　もちろん，教師に依存させるのではない。励まして勇気づけてやり，少々のことではくじけない，あきらめない気持ちを育てていくのである。
　このような自己実現の方法を教え，自己実現をしたときの充実感を味わわせる教育は，日本の歴史の中で弱かった部分である。3つ目の資質は，今後の教育で特に力を入れていく必要があるだろう。

【参考文献】高橋敏『江戸の教育力』ちくま新書

第1章　子どもを自立へ導く学級経営ピラミッド

3 自立へ導く「学級経営の筋道」とは

1 自立へ導く学級にするために

子どもを自立へ導くには，どのような学級経営をすればよいのだろうか。一言で表現すれば，次のようになる。

> 規範意識を育て，自己肯定感を高め，他者と共に生きる喜びを味わわせながら，目標に向かって努力を惜しまない子を育てていく。

ここには，先ほど示した「自立に必要な3つの資質」が含まれている。
さらには，3つの資質を育てるための，指導の順序も示されている。
以下，この筋道をさらに詳しく解説していく。

2 規範意識を育てられなかった子ども達

まず育てる必要があるのが，「規範意識」である。
規範意識を育てないとどうなるのか。
以前，ある学校でこんな出来事があった。
「子どもは，天使なのだから，悪い子はいない。そのままの個性を大切にすれば，自然と子どもは伸びていく」
そういう教育を数年にわたり推進した学校。
その中で入学した1年生は，かなりの自由を認められて過ごした。
例えば，「授業に出たくない！」と言う子がいたら，それを個性として認めましょう，といった具合だった。
学校という「公の場」でどう行動すればよいかを教えず，とにかく全員の

個性をそれぞれ認めていこう。そんな教育を続けた結果，どうなったか。
　１年生で，自由気ままに育てられた子ども達。１年後には，集団で授業を脱走するようになっていた。
　校長室に集められて叱られたときは，校長に暴言を吐き，くってかかった。
　担任の言うことを聞かず，嫌なことがあると学校をさぼり，授業から脱走した。休み時間に嫌なことがあると，倉庫などに隠れてしまって，全教職員が探しに行くはめになった。
　こうして，２年生に上がった子ども達。
　他の学校から転勤してきて２年担任となった教師は，あまりの子どもの無法ぶりに，教師を辞める寸前まで精神的に追い込まれることになった。
　誰かが，規範を教えないといけなかった。一部，規範を教えようとした教員もいたが，「威圧的だ」とか，「子どもの笑顔がなくなる」などと批判された。数年間で，「無法」と「荒れ」は学校の隅々まで浸透し，どの学年も似たり寄ったりの状況になってしまった。いじめが蔓延し，多くの学級が荒れていった。
　この状況が変わったのは，学校経営方針が変わってからだった。校長が変わり，教員集団が変わったときに，「規範意識」を育てることに方向転換がなされた。すると，嘘のように学校の荒れはなくなった。子ども達は，適切な行動がとれるようになった。
　戦後，個性を大切にする教育がもてはやされた時代があった。教師が積極的に子どもに手を加えようとして，あれこれと指導するのではなく，子どもの自然のあるがままの姿を尊重しようというものである。そして，放任主義とも言える教育が行われた時代があった。
　しかし，指導の順序を間違えるととんでもないことになる。規範意識を育てる前に，自由で過ごしてよいことを認めると，待っているのは，無法に満ちた「好き勝手な行動」である。
　まず，状況に合わせて，こんな行動が望ましいと教える。
　教えてから，子どもに任せていけばよい。

教えた後に,出てくる個性は大切にすればよいのである。

3 規範意識を育てつつ指導したいこと

　規範意識を育てることから学級経営は出発する。しかし規範意識が身についたからといって,自立にまでは到達しない。規範意識を育てつつ,さらに次の指導に移っていく必要がある。つまり他者との交流に喜びを見いだし,自分の夢を追い,努力を惜しまない子に育てる指導である。

　ここまでいけば,自立の基礎を培ったと言えるだろう。

　ここでのポイントは,「自己肯定感」である。自己肯定感とは,「自分を価値ある存在と感じること」である。

　自己肯定感を高めるには,成功体験のある授業や集団づくりを行っていく必要がある。

　自己肯定感が低いままだと,他者と共に生きる姿勢は生まれない。また,夢に向かっての努力を続ける意欲も生じない。

　自己肯定感が高まれば,他者との協同も進んで行うようになる。そうなってから,他者と協同する場面をつくり,他者と生きる喜びを味わわせていくのが望ましい。

　また,自己肯定感が高まると,大きな夢を描けるようになる。そして,努力を続けることを惜しまない姿勢が身についていく。少々のことではへこたれない心もつくられてくる。

　そのときこそ,高い目標に挑戦させ,それを達成したときの喜びを味わわせるようにしたい。

4 自立へ導く学級経営の筋道

　以上のように,子どもを自立へ導く学級経営の筋道は,大きく4つの展開に分けることができる。

> ①規範意識を育て，学級に秩序をつくりあげる。
> ②成功体験を蓄積し自己肯定感を高める。
> ③他者と共に生きる喜びを味わわせる。
> ④大きな夢に挑戦させ，自己実現する喜びを体験させる。

　現場では，荒れる学級が増えてきており，①の段階で，四苦八苦しているケースが少なくなかった。

　しかしながら，教育技術をきちんと学んだ教師は，②や③の段階まで学級の子どもを育てることができた。

　④にまで到達している学級は，まだまだ少なかった。④こそが，これまでの学級経営に足りないものの１つであった。

　学級経営の最終段階は，子どもが大きな夢を描き，夢に向かって挑戦する状態をつくり出すことである。

　自立した子どもは，他者の意見を取り入れながも，誰に依存することなく，自分の夢に向かって努力を続けるようになっていく。そんな子どもを育てる学級経営が必要とされている。

第1章　子どもを自立へ導く学級経営ピラミッド

4　新しい時代に対応した「学級経営プログラム」

1　日本古来の学級経営実践のよさを取り入れる

　これから，学級経営のプログラムをより具体的に示していく。

　本プログラムを考えるにあたり参考にしたのは，先人達の学級経営である。

　過去の偉大な実践家であった芦田惠之助，斎藤喜博，東井義雄，鈴木道太，村山俊太郎など，多くの実践を参考にした。詳しくは巻末の参考文献一覧に示してある。

　日本で昔から行われてきた学級経営には，よいところがたくさんある。

　それらのよさを取り入れ，現代の学校現場に適応させながら，創りあげたプログラムである。

　さらに，このプログラムは，学級崩壊したクラスを，新卒1年目，2年目，3年目と3年連続受け持ち，立て直したという，現場実践を通したものである。その後も学級経営の実践を通し，改訂を重ねてきた。

　最大のポイントは，経験1年目の教師でも活用でき，効果があったという事実である。それも，崩壊した学級に通用したのである。

　ベテラン教師だけが実践できるプログラムでは，若い教師にとっては活用が難しい。

　そうではなく，若い教師が実践して，効果があったことが重要なのである。

　もちろん，経験が少ない教師よりは，経験豊富な教師の方が，より高い効果を生みだせるはずである。

2 学級経営プログラムの全体像

(1) 学級の成長モデルを示した「学級経営ピラミッド」

では、そのプログラムの全体像を、図で示すことにする。

右に示した図は、「学級の成長過程」をモデル化したピラミッドである。

学級の成長は、主に「集団面」の成長と、「授業面」の成長に分けられる。

集団面の成長とは、学級の子ども達を、まとまりのある集団へと変えていくことを意味する。

授業面の成長とは、授業における、個人や集団の学びを伸ばしていくことを意味する。

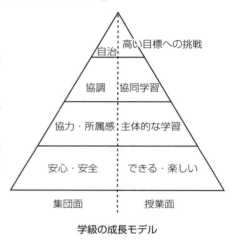

学級の成長モデル

下の階層から学級がつくられていき、上の階層へと成長していくことを示している。

つまり、学級経営も、この段階に沿って行うことになる。

(2) 階層構造の意味

下の階層が達成されると、上の階層も達成されてくる。

ただし、下の階層が、100％満たされないと、上の階層にいけないかと言えば、そうではない。

集団面で言えば、「安心・安全」が、50％ほど達成されると、1つ上の「協力・所属感」も25％ほど達成されてくる。つまり、それぞれの階層は、少しずつ、下から同時に達成されてくることを意味している。

教師の指導も、このモデルに沿って行っていく。すなわち、集団面で言えば、「安心・安全」を達成することからまず指導を始める。それと同時に、

「協力・所属感」も達成するように指導をしていく。そして順次、上の階層へと力点が移っていく。

　例えば、1学期は、「安心・安全」、「協力・所属感」に、力を入れていたのに対し、2学期、3学期になると、上の階層の、「協調」や「自治」の指導に力点を移していくようになる。

　授業面も同じで、1学期初期には、まずは「できる・楽しい」授業に力を入れ、達成に向けて努力する。それと同時に「主体的な学習」や「協同学習」も達成するよう、少しずつ促していく。2学期、3学期になると、指導の力点は、上の階層に移り、「協同学習」や「高い目標への挑戦」の達成を狙っていく。

　このように、下の階層から達成していくが、同時に、上の階層も少しずつ達成できるよう指導していくのである。

(3) 集団面の成長を促す「集団づくり」

　学級の集団面は、4つの段階を踏んで成長していく。
　「安心・安全→協力・所属感→協調→自治」である。
　集団づくりの第1段階は、「安心・安全」の確保である。
　いじめや差別があったり、暴言・暴力があったりする学級では、子ども達は安心・安全に過ごせない。
　安心・安全の確保には、何よりもまず、学級に秩序を生み出す必要がある。
　モラル・ルール・マナーの中で、特に重要なものに絞って、徹底して子どもに教えていくようにする。荒れた子がいたら、個別の生徒指導も必要になってくるだろう。
　さらに言えば、望ましい生活習慣の確立も、ここで目指さなくてはならない。つまり、生活習慣が乱れている場合は、子どもの命の安心・安全が確保できていないと言える。朝ご飯抜きの子や、睡眠不足の子がいる場合は、保護者との協力のもと、生活習慣を改善していかなくてはならない。
　第2段階は、学級への所属感と、協力する気持ちを育てることである。こ

の学級に所属してよかったとか，友達と一緒に何かをしてよかったという実感をもたせなくてはならない。

　第3段階は，協調の姿勢を育てていくことである。

　協調は協力と少しだけ異なる。協調とは，たとえ利害や立場が異なっていても，全体の利益のために力を合わせる姿勢を意味する。相手に迎合するのではなく，自分の考えは主張しながらも，互いに助け合い，まわりと調和することであり，協力よりレベルが高くなる。より大きな集団として1つの活動に取り組み，1人1人が協調しながら，より質の高い活動ができるようになることを目指していく。

　第4段階では，自治を促していく。自治とは，学級の秩序を自分達で守り，何かに取り組むときは，一致団結できることを意味する。問題が生じれば，子ども達で話し合って解決の方法を探り，豊かな学級生活のために，それぞれの子が責任をもって役割を果たすようになることを目指す。

　ここまでできたら，自由であり，しかも規律が守られ，実に生き生きとした集団づくりが成功しているだろう。

　子ども達は，自治的な活動をする中で，協力や協調の大切さ，規律の大切さを改めて学ぶこともできる。また，学級の組織や規律は，固定的なものではなく，集団の状況によって変わることも学んでいくのである。

（4）授業面の成長を促す「授業づくり」

　学級の授業面は，次の4つの段階を経て成長していく。

　「できる・楽しい→主体的な学習→協同学習→高い目標への挑戦」である。

　まずは，「できる・楽しい」授業を保障することから学級経営はスタートする。「できる」と「楽しい」の両面を満たすことが大切である。

　「できる」授業とは，学力を上げる授業である。できないことができるようになる授業，そして，分からないことが分かるようになる授業である。

　さらに，「楽しい」授業を行う必要がある。ここで言う「楽しい」とは，教師がパフォーマンスをするという意味ではない。知的に満足させられると

いう意味での「楽しい」である。知的思考があり，わくわくどきどきする授業である。

　この「できる・楽しい」授業を，一斉指導の中で保障する必要がある。

　授業では，一斉指導が基本となっている。この一斉指導が充実しないと，子どもの学習意欲は引き出すことができない。子どもが学習に対して，「できる・楽しい」と思うようになったら，学習意欲も高まるはずである。こうなると，第1段階は達成されたことになる。

　第2段階は，「主体的な学習」を促していく。

　「主体的な学習」とは，例えば，自主学習や問題解決的な学習である。

　または，自分なりに学習計画を立て，学習結果を自己評価しながら進める「自律学習」もここに入る。

　平たく言えば，子ども達が，「受け身にならず，自分から進んで学習する」ように指導していくのである。

　例えば，何らかの課題に対し，自分なりの解決方法を考えて，進んで学習を進めるよう，導いていく。

　また，家庭での自主学習を促していく。だんだんと，1か月に1冊といったハイペースで自主学習をしてくる子どもが増えてくる。

　「主体的な学習」は，土台となる「できる・楽しい」授業で自信をつけ，学習意欲が増した結果，現れるものである。

　子ども達が，一斉指導で「できる・楽しい」と感じ，学習への意欲が高まり，「主体的な学習」ができるようになると，学級は第3段階へと進む。それは，「協同学習」ができるようになる段階である。

　協同学習とは，何らかの課題に対して，異質のメンバーが集まり，解決を目指す学習である。発展的な課題をグループで解決する学習や，学級全体で討論をする学習などが，ここに入る。

　協同学習の技法の中には，一斉指導にも取り入れやすいものが多い。

　例えば，一斉指導の途中で，適宜，グループで相談させる場面を取り入れることもできる。

第1章　子どもを自立へ導く学級経営ピラミッド　21

一方で，比較的取り入れやすいのだが，真の意味で協同学習になっているかと言えば，そうではないことも多々ある。

協同学習は，学習者がグループをつくって意見を交流し，高め合うことが必要である。しかしながら，グループ学習という形だけ取り入れても，できる子が全部進めてしまって，他の子が傍観者になっている例が結構ある。

つまり，協同学習の形態だけ取り入れても，学習者の側に，「みんなで協力して高め合おう」とか，「みんなの意見を認め合おう」といった姿勢がなければ，真の意味で協同学習にはならないのである。

具体例として，実現が難しいのが，討論である。討論の授業自体は，100年も昔から実践記録が報告されている。しかし，討論の実現には，様々な条件を満たす必要がある。例えば，学習への主体性や，認め合い・高め合おうとする姿勢が必要になる。それゆえ，協同学習の中には，第3段階になって初めて実現できるものも少なくない。

第4段階は，高い目標に向かっての挑戦を促すことである。この段階までくると，子どもの学習に関する自己肯定感は高くなっているはずである。自己肯定感が高くなると，より高い目標を描くことができるようになる。

高い目標に挑戦させ，教師は全力でそれをサポートすることが求められる。

3 学級経営には順序がある

ピラミッドに示した成長段階は，それぞれ，日本古来より，学級経営で目指されてきた目標であった。

例えば，生活習慣を確立することが大切だという教育書があるならば，それはピラミッドの底辺を意識したものということになる。

もし，子どもに大きな夢をもたせなさいという教育書があれば，それはピラミッドの頂点を意識したものだということになる。

およそ全ての教育書は，このピラミッドのどこかの段階に入れることができる。

ピラミッドを大きな枠組みで見ると，教師の導きが必要だった「他律」の状態から，最後は集団の中で秩序が保たれ，協力して高いものを生み出そうとする「自律」の状態へと学級は成長していくことがわかる。
　ここで注意したい点がある。それは，最終目標にいきなり到達しようとすると，失敗してしまうことだ。
　例えば，「集団面」における最終目標は，「自治」である。
　この自治をいきなり達成しようとすると，無理が出てくるのである。
　例えば，ルールとシステムでがんじがらめにして，無理矢理，自治を達成することも，ある教育技術を使えば可能である。例えば，4人班で，忘れ物をした子をつるし上げるとか，五人組のようなシステムをつくって連帯責任にさせるとか，告げ口をしたらほめられるとか，厳しい罰則を設けるとか，そういう「非人間的なシステム」をつくれば，表面的な自治は可能である。
　しかし，これは無理矢理達成した自治である。子ども達は一見，教師がいなくても自分達で学級を治めているような形になる。しかし，「自立」した人間を育てることにはつながるとは思えない。
　そうではなく，子どもの中に，人と協力する喜びや，自分で自分を律して生きていく充実感を体感させ，気付かせ，納得させて，最終的に，自然と自治の状態が生まれていることが肝心なのである。そして，自治の意識を高めると同時に，自治が機能するような学級組織（人間的なシステム）をつくっていけばよいのである。
　自然な状態で自治が生まれるのと，教師が非人間的システムで無理矢理自治を達成するのとでは，天と地の差がある。自然な状態で自治が生まれた学級は，実に子どもらしい姿が見られる。
　ときどきはみだす子がいる。イタズラをして怒られる子もいる。でも，全体として規律があり，まとまっている。そんな学級が実現する。
　授業面の成長も同じで，いきなり上の段階を目指しても，失敗に終わる。
　まずは，しっかりと土台を築き，その上で，上へ上へと学級を成長させていけば，自立を促す学級経営は完成していくはずである。

第1章　子どもを自立へ導く学級経営ピラミッド　23

第1章 子どもを自立へ導く学級経営ピラミッド

5 自立に向けた個人の成長モデル

1 自立に向けた個人の成長モデル

先ほど，学級の成長がどのような段階を踏むのかについて述べた。

では，子ども個人の成長は，どのような段階を踏むのだろうか。

言い方を変えるなら，自立した子どもに育てるために，どのように子どもを成長させたらよいのだろうか。

それを示したのが，右の図である。

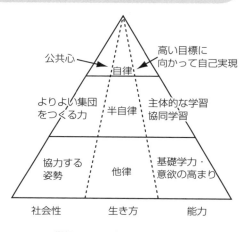

学級における個人の成長モデル

2 自立のために育てたい3つの資質の成長過程

先に述べたように，自立のために必要な資質は，次の3つである。

> ①規範意識をもって，主体的に行動できる。
> ②公共の精神をもち，他者と協調できる。
> ③自分の目標に向かって，努力を続けていくことができる。

このうち，①を真ん中の「生き方」で示し，②を左側の「社会性」，③を右側の「能力」として示している。

そして，それぞれの資質が，どのような段階を経て成長していくかを表現

した。
　この図も，1番下の階層を100％達成しないと，上の階層にいけないということではない。
　下の階層から順に力点を置いて指導していくが，同時に上の階層も指導を行い，達成していくことができる。
　3つの資質のうち，能力の成長は，主に授業で行うことになる。
　社会性は，学級経営における集団づくりの中で養っていく。
　生き方は，学級経営における規律を徹底する中で，養っていく。
　つまり，授業も学級経営も，その両方が充実しないと，子どもの自立を促すことはできないということになる。個人の成長は，学級経営の中の「集団づくり」と，「授業づくり」の中で，促していく面が強いからである。
　ポイントは，上の段階へいくには，子どもの自己肯定感が満たされる必要があることだ。
　自己肯定感が低いままだと，協力する姿勢も，自立の姿勢も，学習に対する意欲も低いままに留まってしまう。
　教師が子どもを認め，ほめ，励ますといった，肯定的なかかわりを続けていくことが大切になる。
　そうすれば，きっと子どもは1番上の段階まで成長するはずである。

3　土台をしっかりと築き上げることが必要

　図の下の段は，全ての資質の土台となるものである。
　この土台をしっかりと築き上げないと，「基礎の不安定な建物」のように，個人の成長は阻害されてしまう。
　例えば，図の中の「生き方」の成長を見ていく。
　1番下の土台となっているのは，「他律」である。
　ピアジェは，道徳的判断の発達において，「他律」から，「自律」へと成長することを示した。

「他律」とは、モラル、ルール、マナーを、人から言われて守ることである。また、望ましい生活習慣を人から言われて身につけることである。テレビ・ゲームの時間を制限すること、朝食をとること、睡眠をとること、歯を磨くこと……。このような生活習慣を、人から教えられ、身につけることを意味する。

　人に言われて規範を守る「他律」から、徐々に、半分は自分でできるようになる「半自律」になる。そして、最終的には、自分で規範を守れる「自律」へと成長していく。自律とは自己制御の力である。規律を守り、他者のことを考えて行動できる力を指す。

　まずは、「他律」である。教えたり、できているかどうかの確認をしたりといったことを続けなくてはならない。

　例えば、担任として、基本的生活習慣の調査をしているだろうか。

　私は、年に4回実施していた。4月の最初と、後は学期ごとである。

　調査項目は、次のようなものだった。

　「朝ごはんを食べる、歯を磨く、早く寝る、テレビとゲームは、1時間以内、家庭学習は学年×10分＋10分」

　もちろん、習慣を身につけさせるためには、家庭との連携が欠かせない。

　生き方の土台がしっかりしていないと、他の全ての成長が阻害されることに注意したい。

　「朝ご飯を食べてきていない」「家でテレビを何時間も見ている」「夜更かしをして睡眠不足の状態で授業に出る」……といった状態では、個人の成長は著しく阻害されてしまう。

　図の中の、1番下の階層部分の「土台」に注目してほしい。この土台を築き上げることに、まずは力を注ぐことから始めるとよいだろう。

第2章

規範意識を育てる

第2章　規範意識を育てる

1 自由でのびのびとした雰囲気をつくる

1　自由でのびのびとした学級

　自立を促す学級をつくるには，自由でのびのびとした雰囲気づくりが欠かせない。
　自由であり，のびのびとした学級では，進んで動く子が多くなる。
　例えば，立候補を募ったとき。
　『終業式で，作文発表をしてもらいます。テーマは，「この学期に頑張ったこと」です。我こそは頑張ったという人はいませんか』
　こう言うと，ざっと手が挙がる。
　「全校の前」での，しかも「舞台」での発表である。それでも，ほとんど全員が立候補する。
　また，新しいことに挑戦する子も増えてくる。
　学級を楽しくする係が，次々と生まれる。
　学級イベントも，新しいものが毎週企画される。
　学級には，笑顔が多い。明るく楽しい笑いがある。
　もちろん，やんちゃな子も多いし，トラブルもある。
　でも，集団として，まとまりがある。規律がある。
　そして，子ども達は，自由を謳歌しているという感じになる。
　このような，自由でのびのびとした雰囲気を学級につくってこそ，子どもの自立を促す様々な取り組みが功を奏すようになる。
　まず学級経営で目指すべきは，このような自由で伸び伸びとした雰囲気をつくりあげることである。
　では，どのような条件を満たせば，このような「自由でのびのびとした学

級」を実現できるのだろうか。

> ①規律が浸透している。
> ②自由が保障されている。
> ③進んで行動することに価値があり，自分の力を伸ばすことになることが共通理解されている。
> ④失敗してもいいのだという雰囲気がある。
> ⑤差別がない。

　このような条件が満たされると，子どもは自由奔放であり，しかも努力を怠らず，規律をもって行動できるようになる。
　反対に，上の条件が満たされないと，自立に導くことは難しくなる。
　差別があるところに，子どもの成長は阻害される。
　自由な雰囲気がないところに，自分から進んで動く姿勢は育たない。
　「自由でのびのびとした」学級をつくってこそ，子どもは生き生きと過ごすことができ，やる気に満ちてくるようになっていく。

2　自由が先か，規律が先か

　ここで大切な原則がある。

> 　自由が先にあるのではない。規律があって，その次に自由が来る。

　規律が身についていないのに，自由を保障すると大変なことになる。
　小学1年生が荒れる現象も，多くの学校で見られるようになった。
　躾がなされておらず，自由奔放に自分勝手に過ごしてきた子ども達。そんな集団を相手に，いきなり無制限の自由を与えるとどうなるか。
　個人主義に走る子が，無茶な行動を始めてしまう。
　「授業が気に入らないから出ていく」「退屈だから，ゲームを持ってくる」
　このように，個々がやりたい放題をしたあげく，学級は崩壊していく。

規律を身に付けていない状態で自由にさせると、勝手気ままな行動が生まれてしまう。まずは、子どもに規律を身につけさせなくてはならない。

3 学級びらきから規律を要求する

では、規律をどのように教えていけばよいのか。

> 学級びらき最初から規律を教え、守れているかどうかを確認し、できている子をほめ、できていない子を指導する。

「教えて→確認し→ほめたり指導したりする」これが、規律を浸透させる指導の基本である。

例えば、学級びらき最初の挨拶の場面。

もし、声が小さいのなら、すかさずやり直しをさせる。

ダラダラと立つ子がいても、やはり、全員にやり直しを指示する。

こういった最初の指導で、規律を要求できるかどうかがポイントとなる。

そして、できている子をほめ、何度言ってもできない子は指導をしていくのである。

すると、集団の中に、規律がだんだんと浸透してくる。

集団に、規律が浸透していくにつれ、個々の子どもにも、規律が自然と身についていく。

これは、例として、部活動を思い浮かべるとよく分かる。

規律の厳しい部活で、自由奔放に無茶をする者はいない。

部の構成員としてその環境にいるだけで、知らず知らずのうちに、規律が身につくからである。監督が言わなくても、環境が規律を要求するためだ。

だから、規律が浸透した環境にいるのであれば、知らず知らずのうちに規律を叩き込まれていることになる。集団には教育力があるのだ。

4 規律を浸透させつつ，個人の自由を保障する

　学級に規律を浸透させたら，次に，自由を保障していくとよい。
　ただし，ここで言う「自由」には，「なんでも好き勝手にしてよい」という自由は入らない。あくまで，規律にのっとった上での自由である。
　最初は，他律の中の自由になる。つまり，教師が規律をあれこれと要求する中で，自由も保障していくのである。
　やがて，子ども自身が規律を守りながら，自由に行動できるようになる。
　社会に出たら，自分の意思で，自由に決定していかなければならない。
　自由な状態の中で，自分を律することができなくてはならない。
　最終的には，このような状態になることを目指すのだが，最初の段階では，「他律の中の自由」を達成する必要がある。
　もしかすると，学級の中で，躾が行き届いている子がいるかもしれない。
　その子には，他律は必要ないことだってある。自由に好き勝手させても，自分を律することができるからである。
　しかしながら，そういう子は少ないのが現状である。それには理由があって，家庭では，社会的に共通したモラル・ルール・マナーというものは教えられていないからである。それぞれの家庭で，それぞれの家庭が「モラル・ルール・マナーだと思っているもの」を教えているのが現状である。
　その中には，少々利己的なルールを教え込まれている子もいる。
　かつて担任した子の中に，「友達に馬鹿にされないために，相手に悪いことをしてもよい」とか，「学校は無意味だから，適当に通っていればよい」という教育を受けていた子がいた。当然ながら，その子のまわりではトラブルが頻発していた。
　学校で過ごすための，共通した規律を教えるところから，公教育は出発する時代にきている。

第2章　規範意識を育てる

2　規律を浸透させ秩序をつくる

1　荒れた学級に足りないもの

　新卒の頃から，幾度か崩壊学級を担任してきた。
　時には，学年全体が崩壊している場合もあった。
　学級が崩壊するとはどういうことなのか。
　例えば，授業中に，集団で脱走する。
　教室はいつも騒がしく，トラブルが絶えない。
　床はゴミだらけ。授業中は私語，立ち歩き，手紙のやりとり……。
　配られたプリントは破られ，紙飛行機になって飛んでいく。理由もなく保健室に行く子が増え，トイレと言っては集団で授業を抜けていく。
　小学校の低学年ですら，ベテラン教師に暴言を吐く状態になる。子ども達の目はつりあがり，すごんだ声で暴言を吐くのである。
　崩壊はせずとも，トラブルが絶えない学級や，教師に反抗的な学級もある。
　そんな荒れた学級を受けもつのが，普通とも思われる時代になっている。
　今や，ベテランまでもが学級を荒らす事態になっているからである。
　では，荒れた学級を受けもった場合，一体何から始めればよいのだろうか。

> 　規律を浸透させ，秩序をつくりあげる。

　荒れた学級に足りないものは，規律であり，秩序である。
　平和の反対は，無秩序であると言われる。
　秩序がないのは，危険な状態である。子ども達にとって，いっときも安心できない環境である。安心と安全の確保を優先させなくてはならない。

2 規律の浸透のため第一にすべきこと

　学級崩壊を経験し，無秩序が当たり前といった環境で過ごした子ども達。この子ども達を相手に，規律を浸透させるのは非常に困難である。
　しかし，だからこそ，原則も見えてくる。荒れた学級に規律を浸透できたら，どんな学級でも規律を浸透できるであろう。
　規律を浸透させ，秩序をつくるために，最初にすることは次である。

> 教師の指示が通る状態にする。

　例えば，教師が何らかの指示をする。
「チャイムが鳴りました。席に着きなさい」
　このとき，やんちゃが近づいてきて言う。
「先生，○○の件なのですが……」
　このときである。個別に対応するのは後まわしにするのである。
「後で聞きます。とりあえず席に着きなさい」
　このようにキリッと言うのである。指示通りにさせるのである。
　そして，さっと指示通りにできた子をほめる。
　できない子がいたら，指導する。
　つまり，次の順序で指示が通る状態にしていけばよい。

> ①指示を出す。
> ②できているかどうか確認する。
> ③できていればほめる。できていなければ指導する。

　指示が通る状態になれば，自然と，規律が生まれてくるはずである。
　それに，指示が通るようになれば，規律を指示することもできる。
　さらに，指示通りにさせることで，教師のリーダーシップが強まってくる。
　それらの結果，学級に，秩序がつくられてくるのである。

3　プロらしい指導

もちろん、指導にはレベルの違いはある。

力ある教師は、指示通りにさせるにしても、力業ではやろうとしない。

例えば、次のような技術をつかうことができる。

> ①指示を出すときに、なぜこの指示が重要なのかの**理由も説明する**。
> ②適切な行動がとれている子は、**名前を挙げて**ほめる。
> ③指導されて素直に反省した子は、ほめて**フォロー**する。

これらができるようになると、1人前の実力を身につけたと言えるだろう。

だが、とりあえず指示通りにさせるだけなら、若い教師だってできることである。

ただし注意したいのは、「何でも指示通りにする従順な子」を育てるためにやっているのではないということだ。

義務教育を国全体で本格的に始めたのは、18世紀のプロイセン王国が最初と言われている。義務教育の狙いの1つは、国力を上げることであり、そのために、君主に忠実・従順な国民を育てることが求められた。

このような義務教育の源流の影響は今でもある。その代表が体罰である。体罰で無理矢理、命令通りに動かそうとする教師も残念ながら少なくない。

4　確認を怠るととんでもないことになる

指示の後で、若手が陥りやすいミスがある。

それは、自分の指示を忘れてしまうことだ。

「チャイムが鳴るまでに掃除場所に行きなさい」と指示したのなら、それを覚えておいて、後で必ず確認をしなくてはならない。

もしも忘れてしまって確認を怠ると、できていた子をほめることができない上に、さぼっていた子を注意することもできない。

こうなると，子ども達は，「教師の指示通りにしなくてもよいのだ」と判断する。つまり，「教師の指示は適当に聞いていればよい」という暗黙のルール（ヒドゥン・カリキュラム）が学級に生まれてしまう。
　こういう「無理」が通りだすと，「道理」がひっこんでいく。
　そして，秩序は，少しずつ崩れていく。
　そのため，教師は自分の発言に責任をもたなくてはならない。

5　教師のリーダーシップで規律を教え込んでいく

　教師のリーダーシップが確立してきたら，規律を直接教えることもたやすくなる。
　教師が，規律の意義を説明し，守るよう促していけばよい。
　最近は，小さい学年になるほど，「モラル・ルール・マナー」を知らない子が増えてきた。小さい頃から，家庭や社会で教えられていないためである。
　教師が「これぐらいわかっているだろう」と考えている前提が通用しなくなっている。
　そこで，まずは，簡単な規律であっても，1つ1つ教えていく必要がある。

> 　学級集団に対し，共通のモラル・ルール・マナーを教える。

　「共通の」というところがポイントである。
　学級集団全体に対して，「これだけは守りなさい」という「モラル・ルール・マナー」をその都度教えていけばよい。「望ましい行為」と「望ましくない行為」の具体例を挙げながら，望ましい行為を促していくようにする。
　共通の「規律」が示されているからこそ，子ども達も望ましい行動を目指して，行動を改善できる。
　やがて，はみだしている子に対して，子ども同士で自然と注意しあう状態が生まれてくることだろう。

6　簡単な規律の徹底

　ただし，４月最初から，多くの規律を提示して，機械的に子どもを縛るやり方は，効果的ではない。
　そうではなく，学級びらき初期は，大切な規律に絞って教えるとよい。
　大切な規律をいくつか浸透させるだけで，秩序ある集団になるからである。
　では，例えば，どのような規律に絞って教えていけばよいのだろうか。

①あいさつをしっかりする。
②机をそろえる。
③提出物の向きをそろえて出す。

　簡単な規律だが，どれも大切なものである。
　こういった，簡単だが，教師が大切だと思う規律を教えていくとよい。
　ポイントは，「徹底」して教えることである。
　「凡事徹底」するのである。
　効果的なのは，「見本」を教師が見せることである。
　「あいさつをするときは，腰骨を立てなさい。頭をこのようにちゃんと下げます。声は，先生に聞こえるぐらいは出しなさい」
　などと実際にやって見せる。
　こうして，声をしっかり出している子が出てきたら，ほめていく。
　「あいさつがよくなりました。みんなに聞こえると，気持ちがいいですね」
　しばらくすると，だんだんとあいさつがおろそかになってくる。適当になってくる。これはどの学級でも同じである。
　そのほころびがでたときを見逃さずに注意する。
　「あいさつを言っていない人が２人いました。もう１度あいさつをします。１日の最初の挨拶です。気持ちよく始められるように，声を出しましょう」
　このように，挨拶をするように促す。そしてやり直しを命じる。
　子ども達は思う。「この先生はごまかせないな」と。このように簡単な指

導を繰り返すだけで, 規律が浸透し, 秩序ができあがってくる。
　机をそろえる指導も, 効果的である。
　荒れているクラスほど, 机がそろわない。バラバラの方向を向いている。
　「前にまっすぐ向けなさい」とか,「印に合わせなさい」, などと教えていく。
　そして, できていることをほめる。
　「そうだよ。机がそろうと, 気持ちがいいね。気持ちよく勉強ができます」
　そして, しばらくして, 言われなくてもちゃんと机をそろえている子を探してほめるようにする。
　「先生に言われなくてもできるのが本物です。机がそろっている人がいて, いいなあと思いました」
　提出物も, 最初は投げるようにポンッと出す子がほとんどである。
　その場で全員に指導する。
　「提出物は, 先生の方に向けて出します」
　「「お願いします」と言いながら出せるとよいですね」
　こういった大切な規律が浸透すると, 学級の雰囲気は荒れたものから秩序だったものに変化する。
　秩序ある集団の中では, その他の細かい規律も, 自然と守られていくようになる。
　この状態をつくった上で, 望ましい「規律」を, 機会をとらえて, 教師が1つずつ教えていくようにすればよい。
　他の規律も浸透し, ますますよい雰囲気になってくるはずである。

第2章 規範意識を育てる

3 学級の「荒れ」を根本的に立て直す

1 荒れた学級を根本的に立て直す

　荒れた学級をとりあえず落ち着かせるには，先に述べたように，指示通りにさせ，規律を1つずつ浸透させていき，秩序を生み出すことが必要になる。
　秩序が生まれることで，表面上，荒れは引っ込むからである。
　その結果，子ども達の安心と安全を確保することができる。
　しかしながら，規律を浸透させ，秩序を生み出し，荒れが収まったとしても，根本的解決までには，至っていない。
　秩序を生み出すだけでは，「学級を立て直す」まではできない。
　秩序があれば，荒れることはないが，立て直すのには，ここからさらなる手立てが必要である。
　荒れた学級を立て直す方法で，最も重要なものは次である。

> 後ろ向きになった心を，前向きに変化させる

　荒れる子どもには，もともとエネルギーがある。
　問題はそのエネルギーをどこに向けるのかということだ。
　「荒れる」という後ろ向きなそのエネルギーを，夢をかなえるという「前向き」な方向へ変化させることが大切になる。
　言葉をかえると，心のコップを上向きにしてやるのである。
　コップが下向きだと，教師の言動がまったく子どもの糧にならない。いくら言っても，水がコップにたまっていかない状態である。これでは，教師がいくら諭しても，子どもに響かないことになる。
　では，どうすれば心を前向きに変化させることができるのか。

> 子ども達が成長したという事実をつくり，その成長を子どもと一緒に心から喜んでやること。

このことが実現できれば，子どもの心は，内面から前向きなものに変わっていく。そして，学級の荒れは，根本から解決へと向かうわけである。

2 心をプラスに変化させるために

荒れていた子どもは，心が後ろ向きになっている。

何かやろうとすると，「どうせできない」などと言う。

例えば教師が，「今日の体育は，跳び箱だよ」と告げる。すると，「できないから，やりたくない」といった発言があちこちから出てくるのである。中には，「気分が悪くなりました」と言って休む子もいる。

1度，荒れた学級の全員が発表を拒否した授業を見たことがある。有名小学校の公開研究会での出来事である。

当然ながら，教師が「大きな夢をもちなさい」と言ったところで，効果は薄い。言葉だけでは，子どもは，小さな目標ですらもとうとしないだろう。

子どもを変えるのは，「成長したという事実」である。

だからこそ，学級びらき最初に，成功体験を保障しなくてはならない。

成功体験といっても，難しく考えなくてよい。

ほんのささやかな成功でいい。

例えば，初日に「連絡帳を丁寧に書きます」と指示する。

「丁寧に書ける人は，伸びます。勉強ができるようになります」などと趣意を説明する。

書けた子から持ってこさせる。丸をつけて子どもにすぐに返す。そして言う。

「連絡帳を丁寧に書けている人には，花丸がついています」

子ども達は，我先にと連絡帳を確認する。花丸がついている。

荒れたクラスだった場合，全員に花丸をつける。初日なので，子どもはいつもよりは丁寧に書いているものなのだ。
　「こんなに丁寧に連絡帳が書けるクラスだと，きっとよいクラスがつくれる気がします」などと言う。
　こうやって，ほんのちょっとの前進をほめるのである。ほんのちょっとの努力，頑張りを認めてほめていくのである。

3　最初にほめることができるかが鍵

　ある年，荒れた学級を受けもったときのことである。
　学級の中に，ノートを絶対とりたくないと言っていた子がいた。
　「努力しても勉強ができない」
　そう嘆いていた子だった。
　高学年になった頃には，完全に自信を失っていた。
　嫌な授業はさぼる癖がついていた。しかも，書くことが極端に苦手だった。
　最初の算数の授業。
　私は黒板に，4月の「4」だけを書いた。
　そして，「日付を書きます。丁寧に字が書ける子は伸びます」と説明した。
　どんなに書くのが苦手でも，「4」だけなら書くことができる。
　たとえ算数が苦手でも，「4」ぐらいなら書ける。
　そして，「4」が丁寧に書けていることをほめた。
　ほめられるから気分がよくなる。「4月」の「月」も書こうかなと思う。すると，また教師からほめられる。
　さらに，「9日」まで書く。気がつくと，単元名も書いている。
　こうして，最初の授業でノートを丁寧に書き，しかも教師から激賞されて達成感を味わったのである。
　やがて，1週間も経たないうちに，言われなくてもノートを書くようになった。板書された内容はもちろん，自分で考えたことも書くようになった。

しかも，丁寧に，である。
　たった1時間の授業で，ノート3ページも4ページも書けるようになった。
　驚いたのは，本人である。そして，それを見た保護者である。
　この成功体験も，もともとの発端は，4月の4をノートに書いただけで，ほめたことから始まっているのである。
　「4が，きちんと書けていますね。まっすぐな4だ。しかも，濃い字で書けている」
　このほめ言葉に気分をよくしたその子は，ノートを書くようになったのである。
　このように，子どもの前進を認め，子どもと一緒に喜んでいくことが大切になる。
　「ちょっとの前進」→「教師が認めてくれ，一緒になって喜んでくれる」→「ちょっとの前進」の繰り返しで，子どもの心は前向きに変化してくる。
　だから，荒れた学級を受けもつと，まずは秩序を回復するのに全力を尽くすことから始めるが，それと並行して，成功体験を保障することにも力を尽くさないといけないのである。
　もちろん，荒れが噴出したときに叱ることも少なくない。しかし，ほめるのは意識的にかなり多めにするのがよいだろう。
　ほめるには，ほめる場が必要になる。
　そのために，子どもに超えられそうな課題を，あらかじめ教師が用意しておくとよい。
　そして，子どもにその課題を超えるように促す。超えたのを確認して，しっかりとほめていけばよい。
　もし失敗しても，「超えようとした姿」を認めて，励ますことができる。
　努力を認められ，肯定されることで，前向きな心が生まれてくる。

第2章　規範意識を育てる

4　前向きな気持ちを学級に浸透させる

1　目標の宣言

　学級びらきから，子どもの努力を認め，ほめていく。
　すると，荒れた子の心は，徐々に前向きになっていくはずである。
　個々の前向きな気持ちが出てきたら，その前向きな気持ちを，学級に浸透させるチャンスである。
　前向きな気持ちを学級に浸透させるのに，よい方法がある。
　それは，今年１年の目標を，１人１人に宣言させることである。
　学級びらきから１週間が終わる頃に，日記を書かせてくる。
　テーマは，「今年１年，どんなことを頑張りたいか」である。
　日記に書かせることで，１年後の望ましい自分を意識させていく。
　子どもには，次のように趣意を説明するとよい。
　「自分を変えるチャンスというのは，そんなに多くはありません。今年こそ，頑張ろうと思っている人は，新しい学年がスタートした今がチャンスです。今年どんなことを頑張りたいか，発表してもらいます」
　次の日に，子ども達１人１人に，全員の前で目標を宣言させる。
　「今年は，もっと勉強ができるようになりたい」
　「今年は，みんなと仲よくして，楽しく過ごしたい」
　学級びらきから１週間で，成功体験を蓄積できていたら，このような前向きな発表が続くはずである。
　そして，前向きな宣言をした子をほめていく。自信のない子にも，「絶対に今年は頑張れるよ」と勇気づけていけばよい。

2 宣言による波及効果

　私の場合，前年度に荒れた子を一斉に受けもってほしいと頼まれることが多かった。年によっては，学級に名うてのやんちゃが集合していることもあった。
　このような年は，ピリピリとしたムードの中で，学級びらきが行われる。
　「あいつが，去年と同じように無茶をするなら，自分も無茶をしよう」などと考えている。子ども同士で，相手の出方をうかがっているわけだ。
　しかし，学級びらき1週間で成功体験を保障し，努力を認め，ほめていく。
　子ども達は，「今年は去年と違って，頑張れそうだな」と感じ始める。その状態になってから，目標を宣言させる。
　去年荒れていた子が，「今年は友達と仲よくしたい」とか，「苦手だった漢字を，今年は少しでも覚えたい。そのために努力をしたい」などと発表する。
　すると，宣言を聞いていた子も，「あいつが頑張るなら，自分も頑張ろうかな」という気になってくる。
　これが，「やる気の波及効果」である。宣言した子のやる気が，それを聴いていた子にも移っていく。
　もちろん，もともとやる気のある子も学級にいる。その子も，前向きな目標を発表する。
　こうして，学級にやる気が浸透していく。子どもの心が，自然と前向きになる。心のコップが上を向くのである。
　そして，学級びらきから1週間経った後も，授業の中で成功体験を保障していくようにする。子ども達はますます，「今年はなんだか自分は成長できそうだ」と感じることができる。
　年によっては，紙に目標を書かせることもある。
　そして，この紙を教室に掲示する。自分で見て忘れないようにする意味もあるが，もう1つの意味がある。
　それは，友達の目標を確認し，自分も頑張ろうという気持ちにさせるため

である。

　不思議と,「頑張る」と宣言した子は,自分から本当に頑張るようになる。子どもの心が,内側から変化する感じである。目標を子どもに意識させることで,自然と行動改善につながっていく。

3 どんな目標を宣言させるか

　目標を書かせる際に,「何を書けばよいのか」を示しておくとよい。
　私の場合,「学習」,「生活」,「その他」の3つを書かせることが多い。
　「学習」は,算数,漢字,作文,水泳など,授業で頑張りたいことである。
　「生活」は,例えば,友達と仲よくするとか,係の仕事を頑張るなど,授業以外の面である。
　「その他」は,何を書いてもよい。家での手伝いでもいいし,クラブ活動でもよい。
　もちろん,学年によっては,1つに絞ってもいい。
　そして私が,黒板に手本の作文を書いてみせる。
　子ども達は,手本を参考に,作文の内容を考える。
　荒れた子の中には,作文が苦手という子もいる。
　その場合は,学校にいるうちに,半分ほど書かせておくとよい。
　そして,後は家で書いてくるように促す。
　このようにすれば,宿題にしても,全員が目標を書いてくることができる。

4 宣言を終えた後に必ずしておく指導とは

　この目標の宣言の後で,必ずしておく指導がある。
　それは,「頑張ろうという思い自体が大切だ」という話をすることである。
　宣言の後ですぐ話す必要はない。それよりは,子どもが何かに挑戦して,失敗したときに全員に話す方がよい。

例えば，友達と仲よくすると宣言した子が，友達と喧嘩になったとしよう。
このようなとき，全員に，次のような話をするとよい。

「人間，何かに挑戦する人は，常に失敗を繰り返しています。偉大な発明に挑戦した人が，毎日のように失敗していたように。何かに挑戦しているからこそ，失敗も多くなります。失敗したからといって，頑張れなかったからといって，「ほら，やっぱりあいつはダメだ」と決めつけてはいけません。

失敗は，頑張っている人にはつきものです。だから失敗は人の価値を決めることはありません。ひょっとしたら，頑張れなくて先生に叱られるかもしれない。でも，叱られるぐらいは別によいのです。

問題は，失敗したときに，「これは自分らしくない。次に挽回しよう」と思えるかどうかなのです。叱られた後，次に頑張ろうと思えるかどうかです。

「頑張るぞ」という思いを持ち続けることができるかどうかで，人間の価値が決まります。○君は，反省していて，次は気をつけるって言いました。先生はそんな○君を立派だと思いました」

このようにまわりに言っておかないと，「やっぱりあいつはダメな奴だ。今年も無茶をしている」とか，「あいつは，今年もさぼっている。口だけじゃないか」などとまわりが言ってしまい，その子のやる気が台無しになってしまうことがある。

去年荒れていた子ほど，悪いレッテルを貼られている。

「あいつはダメな奴」，「今年もどうせ失敗する」などと思われている。

「失敗してもいいんだ。挽回できるかどうかだ」，「頑張ろうとする心が大切なんだ」と話し，失敗があったときのための布石をうっておく必要がある。

第2章 規範意識を育てる

5 望ましい考え方や生き方を語る

1 望ましいイメージを語ることの意味

　ある年の修学旅行は、マナー違反が目立って多かった。
　集団行動を無視して、班からいなくなる。
　旅館で走って、ドアを破損。大声で騒ぎながらの見学……。
　その都度、教師に注意されながらの見学になってしまった。
　ところが、別の年の修学旅行は、まったく反対であった。
　公共の場でのマナーをわきまえ、迷惑をかけることなく、行動する。
　旅行中お世話になった方々に、感謝の気持ちを伝える。
　友達と協力して楽しく過ごす。
　教師は、子どもをほめるだけでよかった。子どもも気分よく見学できた。
　どちらの学年も、同じようなやんちゃぞろいな学年であった。
　どうして、こんなにも違いが出たのだろうか。
　だめだった方の年は、特に「どのような態度が望ましいか」を話すこともなく、修学旅行に出発してしまったのである。
　やんちゃな学年であったが、学級は落ち着いていたし、規律もあったので、まあいちいち教師が説明しなくても大丈夫だろう、とたかをくくっていたのである。だが、その見通しは見事に裏切られることになる。
　100名を超す子ども達は、それぞれに「修学旅行とはこんなものだ」というイメージをもっている。
　「集団行動のときは、少々コースをはみ出して遊んでいい」などと、先輩から聞いて自分なりのイメージを勝手につくっているものなのだ。
　そして、100人が、それぞれのイメージ通りに行動したというわけである。

それが教師から見れば,「逸脱行動」に見えたのだ。

　態度がよかった方の修学旅行では,事前に,学年全体に対し,望ましい態度を語っていた。

「修学旅行では,いろいろな人にお世話になります。

　バスの手配をしてくれた先生,駐車場係になってくれる先生。

　そして,みんなの帰りのために,学校の明かりをつけてくれる先生。

　みんなを待っている旅館の人。そして,バスのガイドさんや,運転手の方。いろいろな方にお世話になって,修学旅行ができるのです。

　見えない人の見えない努力に感謝してほしいと思います。

　そして一番は,みんなのお家の人にお世話になっていることです。

　これだけは絶対に忘れてはいけません。修学旅行にはお金がかかっているのです。みんなの保護者の方が,日々働いてみんなのためにためておいたお金があってこそ出発できるのです。

　他にも,修学旅行用に,バックや靴を買ってもらった人がいるかもしれません。雨具や,鉛筆だって用意してもらったことでしょう。

　お弁当も当日,全員が持ってきます。お家の方が,一生懸命つくったお弁当です。修学旅行だからと,腐らないように,そして疲れないようにと,考えてくれてつくってくれた弁当です。

　みんなが修学旅行に行っている間も,保護者の人は働いています。みんなは一体,どんな態度で修学旅行に行けばいいだろうか,考えてほしいのです」

　そして,望ましい行動を子どもなりに考えさせ,発表させていた。続いて,私が考える望ましい行動も伝えておいた。

　効果はてきめんで,迷惑をかけるといった行動は,ほとんどなかったというわけである。名うてのやんちゃな学年でも,この通りである。

　つまり,望ましい考え方や生き方のイメージをもたせるかどうかで,子どもの行動が変わってしまうのである。

2 望ましい考え方や生き方を語る

　どのような考え方・生き方が望ましいのかを教えられていない子が増えている。

　あるとき，目の前に落ちていた鉛筆を拾わない子がいた。そこで，「誰かの鉛筆が落ちているよ。拾ってあげて」と言うと，「どうしてですか？」と問い返されたことがある。

　よくよく聴いてみると，落としたのは落とし主の責任であって，自分は関係ない，と思っているのだった。

　「世間様のモラル」は通用しなくなってきている。特に，利他の精神をもった子が減っているのが気になる。そのようなものが，親から子へ伝承されなくなっているのかと思えることがある。

　そのため，学校において，望ましい考え方や生き方を教えなくてはいけなくなってきている。

　どういった考え方で生きることが，自分や他人，社会にとってよいのか。

　道徳や学級活動，普段の生活場面で，そういったことを教師が語るべきだ。

　特に効果を発揮したのは，道徳の時間に「よい生き方をしている人」のエピソードを紹介していたことである。例えば，発展途上国で病気を治す研究をしている人，環境保全に力をつくしている人などを紹介していた。

　教師が何も教えずに，自然に子どもが「望ましい考え方や生き方」に気付くのを待っていても仕方がない。何の変化もないまま，1年が終わってしまう。もっと教師が積極的に，望ましい考え方や生き方を語るべきである。

　ただし，注意すべきは，ある完成された聖人君子の姿を，全部子どもに当てはめようとすると，無理が出てくることである。

　望ましい考え方や生き方を教えた後，どう生きるかはある程度個人に任せればよいのである。

3　具体的エピソードを語ると心に響く

　では，普段の生活の中で，具体的にどのように語ればよいのか。
　ある年の４月，朝一番に，保護者から連絡があった。
「我が子の眼が腫れています。からかわれないか心配です」
　朝の会の最初に，さっそく子どもに話をした。
「花粉症の影響で，眼が腫れている人が何人かいます。
　眼が赤いとか，腫れているとか，それをからかう人は教室にはいないと思います。そっとしておいてあげてください。自然と治ります。
　……先生もその昔，うるしにかぶれたことがあります。
　顔が真っ赤になり，手も赤く腫れました。
　自分で鏡を見て思いました。『化け物みたいになったなあ〜』
　明日，学級にいったときに，きっとからかわれるだろう。怖がられるかもしれない。『いやだなあ』と思いました。
　そして，朝。教室に入ると，先生の友達が来て言いました。
『おい！どうした大丈夫か』
　先生は，その『大丈夫か』という言葉に救われました。
　からかわれるどころか，心配してくれたのです。
　ほっとすると同時に，このクラスでよかったなあと思いました。
　みんなも，友達にやさしくしてあげるクラスにしてほしいのです」
　このようなエピソードを話すと，子ども達はシーンとなって聞く。エピソードを語る中で，望ましい考え方や生き方のモデルを示していけばよい。
　エピソードを伴った語りの方が，お説教より何倍も効果がある。
　教師が語るのと語らないのとでは，１年後にずいぶんと子どもの意識が変わってくる。教師が語れば，かなり高いレベルの行動が見られるようになる。望ましい考え方，生き方が実践できるようになる。
　教師の話を聴いて，子ども自身が，自分の行動を振り返り，望ましいと思う考え方や生き方を選択できるようになればよい。

第2章 規範意識を育てる

6 権利と義務を教えよう

1 やりたいことを声高に主張する子ども達

　権利ばかり主張して，義務を果たさない。
　そんな子が少なからずいる。
　荒れた学級ほど，子どもの達の権利の主張は声高に行われる。
　1度，すごい場面に遭遇したことがある。
　プールが雨で中止になった6月。
　子ども達が担任に食ってかかったのである。
「プールを雨で中止するのなら，算数や国語も雨だから止めろ！」と。
　担任は，子ども達を説得するのに，授業時間の半分を費やしたという。
　ここまでひどくなくても，様々な権利（のようなもの）を主張する子がいる。
「今日の体育は器械体操なので，おもしろくない。別の体育がしたい」
「算数が苦手だから，運動場でドッジボールをしたい」
「おもしろくないことがあったから，家に帰りたい」
「休み時間はもっと遊びたい。チャイムが鳴ってからも遊んでいたい」
「宿題や係活動は大変だからできない」
　中には，単なる我が儘といった主張もある。
　一体どうして，このような主張をしてしまうようになるのか。
　先に，「教師は支援に徹する」とか，「子どもらしさを大切にする」，といったスローガンで育てられた子ども達が，荒れ放題になったという例を出した。
　これは，規律を浸透させられなかったことが大きな原因だった。

しかし，実はもう1つ原因があった。それは，「権利と義務を教える」ことができなかったことである。
　「権利には，義務を果たすことが伴う」ことを教えられていないから，権利だけを声高に主張してしまう事態を招いてしまったのである。

2　義務を果たす責任があることを教える

　4月，先のプールの主張をしていた子ども達を受けもつことになった。
　引き継ぎで前年の様子を聞いて驚いた。
　子ども達は，プールの件以外にも，自分の権利（のようなもの）を声高に主張し続けたとのことであった。
　例えば，教師に怒られたら，即校長に言いに行く。「先生が厳しくしかるのです。人権問題ではないですか」，「校長先生から注意してください」と言って。それも1人や2人ではない，集団で言いに行くのである。
　もちろん，権利は大切にされなくてはならないものだ。
　しかし，自分達が教室で暴れていて，無茶をしていて，それで教師に叱られたら，人権侵害だと訴えるのは，お門違いというものである。
　学級の秩序を乱し，まわりの人に迷惑をかける行動をしておいて，自分達は叱られたくない権利を主張するのである。
　そんな子ども達を高学年で受け持った。
　教えるべきは「権利の主張も大切だが，義務を果たすことも同じく大切」ということであった。
　このことを教えるのは，そう難しいことではない。機会をとらえて，権利と義務の関係を説明すればよいだけである。
　この年担任した子ども達は，遅刻が常習となっていた。
　この遅刻を利用して，権利と義務の関係を説明することにした。
　ちなみに，私は，休み時間を子どもの権利として尊重したいと考えている。
　休み時間は子どもが自由に過ごせばよいし，しっかり遊べばよい。

だから，チャイムきっかりで授業を終えるようにしてきた。授業の途中でも，チャイムがなったら，「はい，続きはまた今度」と終わるようにしていた。
　ところが，遅刻してきた子がいたら，話は違ってくる。
　学校のルールを守るという義務を怠っているわけだ。
　それに，遅刻をしてくると，まわりにも迷惑である。授業が始まっているのに，ドタドタと教室に入られると，集中できない子もいるだろう。
　義務を果たす努力をしていないのであれば，休み時間の権利も主張できなくなる。
　遅刻した子は，授業の終わりのチャイムが鳴っても延長戦である。
　「〇君は3分遅刻したから，休み時間も3分減ります」こう告げた。
　すぐに子どもから不満の声が挙がった。
　「休み時間は，10分と決まっているのに！」といった具合である。
　しかし，これに対しては，「授業も45分と決まっているからね」と返した。子ども達はしぶしぶ従った。
　もちろん，ちょっとの遅刻でいちいちこのように指導するのではない。
　ただ，権利と義務の関係を教えるよい機会なので，1度は教えておく必要がある。子ども達は遅刻を気を付けるようになるし，権利を果たすことを意識するようになって一石二鳥である。
　宿題も同じである。宿題をしていないのなら，休み時間を犠牲にして，宿題をしなくてはならない。
　もちろん厳しく，くどくどと注意するのではない。短く，スマートに，「宿題を忘れていた〇君は，休み時間に宿題をやります」と伝えるだけである。
　4月には，すぐに反対の声が挙がっていた。
　「先生！休み時間がなくなります！いつ遊べばいいのですか！」
　などといった具合である。
　その主張に耳を傾け，義務を果たすことの大切さを話すようにしていた。

「確かに，休み時間は，自由に過ごしてほしいと思っています。でも，宿題をするという義務を果たすことも大切です。先生は，○君と一緒に休み時間にバスケをしたかったけど，自分の仕事をやっていないのだから，休み時間にやらないといけません。先生も残念です」などと話していた。

　厳しいようだが，権利の主張と同じように，義務を果たすこともまた大切なのだと教えるようにしていた。

　荒れていた子ども達は，「なんで？わけがわからない！」と最初は困惑していた。

　だが，私が何度も趣意を説明するので，子ども達もだんだんと納得してきた。

　今までは，無理が通っていたので，道理は引っ込んでしまっていた。

　正直者が損をして，ズルをしていた子が得をしていた。

　しかし，私が筋を通そうとするので，正直者が得をして，ズルをしていた子が損をするようになった。今まで虐げられていた真面目な子，損をしていた正直者が，教師の方針を支持した。

　やがて，教師の支持は学年全体へと広がっていった。それは，筋の通った社会の方が，頑張った分だけ認められる気持ちよさがあるからだ。

　もちろん，子どもの権利はとても大切で，教師は子どもの人権を守る義務があることは言うまでもない。権利の中には，無条件に認められなくてはならないものもあるだろう。

　しかし，教育の場では，規律を浸透させるとともに，「権利と義務の関係」も教えていく必要がある。そうすることで，義務を果たそうとする子ども達の姿勢が生まれてくるのである。

第2章　規範意識を育てる

7 自律を促す

1 自律を促す前提

　自律とは，自分で決めた規律に従って，自分の行動を制御することである。
　誰かに命令されたり，誰かに依存したりすることなく，自分や社会にとって望ましい規律に従って，自分の人生を歩むことを意味する。
　自律ができるための前提として，「望ましい規律」を教える必要がある。
　例えば，「自分のことは自分でできるようにする」といった，望ましい規律を教えていく。後始末や，学習の準備，上靴を洗うなど，自分のことは自分でやるよう促していく。また，「テレビやゲームを節制する」，「睡眠時間を十分に確保する」，「朝ご飯を食べる」なども教える必要がある。
　これらは，自分にとって望ましい規律である。
　もちろん，他にも望ましい規律がある。社会にとって望ましい規律もあるし，まわりの人達にとって望ましい規律もある。
　これらの望ましい規律を教えていくことが，自律の出発点となる。
　望ましい規律を教えるということは，すなわち，「望ましい自己イメージ」を育てていくことと同じである。
　望ましい自己イメージがあるからこそ，それを目標として，行動を改善することができるのである。

2 自律を促すポイント

　先ほど，自律とは，「自分で自分の行動を制御できる」ことだと述べた。
　例えば，先生に言われなくてもやる。

誰が見ていなくても、規律正しく生活する。

自律を促すには、こういった「自分で自分の行動を制御できる」よう、導くことが大切になる。

私はよく次のように、子どもに言っていた。

「誰が見ていなくても、自分だけは見ている。自分で自分に恥ずかしくないと思える行動をとりなさい」

そして、教師がいなくても子どもだけできちんとできたかどうかを確認し、ほめるようにしていた。

つまり、自律を促すポイントは、教えた規律を、言われなくても守れるかどうか確認し、守れている子をほめることにある。

3 制御する場面を設定する

子どもに望ましい考え方や行動の仕方を教えたら、あえて子どもだけに任せる場面をつくる。

4月初期にできる簡単なものに、「朝の会」がある。

会議が入って、朝の会に教師が遅れることもある。そのとき、朝の会を、子どもだけできちんとできるかどうかを、見守ってみるのである。

まずは、朝の会のやり方を教える。歌を真剣に歌うことや、日直のスピーチをしっかり聴くことが大切だと教えておく。

そして、あえて手放して、子どもに任せる場面をつくる。

教師がたまたま遅れてしまい、朝の会の途中で教室に入ったとする。

このとき、子どもだけできちんとできているかどうかを確認する。

荒れた学級の場合、できていないことが多い。

1年近く無法がまかり通ってきたのである。無理が通れば道理は引っ込む。教師がいないのだから、人間は安きに流れてしまう。

やんちゃな子が、少しふざける。それを見ていた子も、別に注意をしない。

そして、1か所で始まったざわつきが、どんどん広がって、結局朝の会が

ぐちゃぐちゃになってしまう。歌はふざけて歌うし，スピーチも聴いていないといった状態である。
　これは荒れたクラスを受けもつと普通にあることだ。
　要するに，教師の前では規律正しくやろうとするが，見ていないところでは何をやってもいいと思っているのである。誰かに見られていないと，自分の行動を制御できないわけだ。
　おもしろいもので，荒れた学級には，必ずといってよいほど，「教師がいないとできなくなる」子がいた。教師の前では優等生。友達に注意をするし，規律を守っている。しかし，教師がいないと，ふざけるのはその子が中心といったことがある。
　私は，ちょっとぐらいふざけるのには，寛大な方だと思う。
　ルールを逸脱する子が何人かいるぐらいでちょうどよいと思っている。
　しかし，「教師の前ではやるのに，教師がいなくなるとできない」のを放置するのはあまりよくないとも考えている。自律の姿勢が身につかないからだ。
　教師がいないとできない。そんな場面があれば，指導のチャンスである。
　騒然とした朝の会の途中で，教室に入っていく。
　教室は，少々静かになる。教師に気付いた子から，静かになっていく。
　そして，朝の会をストップさせる。
「少々，騒がしいですね。いったん朝の会を止めます」
　教室はシーンとなる。
「ではみんなに尋ねます。朝の会で，ちょっとだけいらないおしゃべりをしたっていう人？」
　幾人かが手を挙げる。
「正直でいいですね。……でも，もっといたんじゃない。A君どうなの？　もっといた？　……やっぱり，いたよね〜」
「もう1度聞きます。ちょっといらないおししゃべりをした人？」
　今度は大勢が手を挙げる。

「今のように正直にさっと手を挙げなさい」

「じゃあもう1つ聞きます。おしゃべりをした人の中で，ちょっとじゃなくて，けっこう喋ってしまったという人？」

これも多くが手を挙げる。

「それは残念です。先生がいないとできない，というのでは困ります。みんなには，言われなくてもできる人になってほしいのです。

でも，ふざけたい気持ちもあるよね。先生いないし……。その気持ち，少し先生にもわかります。でも，せっかく日直さんが頑張って司会をしてくれている。日直さんは困りますよね。

それに，朝の会でうるさいと，隣の学級にも迷惑ですよね。

歌も本気で歌えないし，上手になりませんよね。スピーチをした人は，おしゃべりをしている人がいたらやりにくかったでしょうね。聴いている人も，うるさいなあと思っていたでしょうね……。

そういうことを自分で考えて，ふざけたい自分を抑えることができないといけません。先生がいなくてもできるようにならないと「本物」ではありません。次は，挽回するのを期待しています」

こうしてまた朝の会議で遅れたときに，できたかどうかを聞くのである。

このように，指導の場面を見つけて，その都度語ればよい。教師がいなくても，自分の意思で，規律を守ることに価値があることを話すのである。

自律への動機づけのため，私はよく「習慣が人生をつくる」という話をしていた。例えば，正直者の習慣をもったジョージ・ワシントンは，大統領になり，盗みを続けた人は大悪党になったというような話をよくしていた。習慣こそが，自分の人生をつくっていく。

規律を守るというよい習慣をつくり，それを自分の意思で守っていくことで，人生をより豊かにできる。そういうエピソードも話したい。

第3章

共に生きる姿勢を育てる

第3章　共に生きる姿勢を育てる

1　子ども達と目指す姿を共有する

1　学級集団としての目標を考える

　学級経営は,「どんな学級にしたいか」を, 教師が考えることから始まる。
　どんな学級にしたいかを考えるには, 子どもに実態調査をしなくてはならない。
　実態調査をすると, 子ども達のよい面や, 不十分な面が見えてくる。
　その実態を元に, 1年間指導した後の, ゴールの姿を思い描く。指導がうまくいったと仮定して, 3月の望ましい姿を想定するわけである。
　このように, どんな学級にしたいかの願いを, 教師が考えることから, 学級経営は出発する。
　ただし, 注意したいことがある。それは, ゴールを設定する際に,「教師の願い」だけでは不十分だという点である。
　保護者の願いもあるし, 地域の願いもある。学校の方針もある。
　そういった, もろもろの願いも加味していく必要がある。
　そして, 最も大切なのは,「子ども達の願い」である。学級で共に過ごすことになる子ども達の思いを, 学級経営に生かさなくてはならない。
　まずは, どんなクラスにしたいかということを, 教師が学級びらきで語る。
　続いて2日目からも, ことあるごとに, 望ましい考え方や行動の仕方を語っていく。
　そして子ども達に尋ねる。
「このクラスをどんなクラスにしたいですか」
　1人に1枚, 紙を配る。
　子ども達は, それぞれ「どんなクラスにしたいか」を書く。

紙を回収し，教師が，紙に書かれた言葉を読んでいく。
　「楽しい学級」，「みんな仲よしの学級」，「努力を続ける学級」などが書かれている。
　日直が，その言葉を黒板に書いていく。
　いじめが横行していた学年をもつと，次のような言葉がたくさん出される。
　「いじめのない学級」
　「みんなが仲よくしている学級」
　それを，1つずつ教師が読み上げていく。しっかり声に出すことが大切だ。
　「いじめをしない学級」，「人を馬鹿にしない学級」，「仲間外れにしない学級」などの言葉が続く。教室はシンとなる。いじめをしていた子は，肩身がせまくなる。いじめを受けていた子は，たくさんの人がいじめを許せないと思っていることを知り，心強く思う。
　教師が語った内容も，書かれている。
　「自立を目指す学級」「最後まであきらめない学級」「友達と一緒に協力できる学級」などである。
　これらの子どもが考えた学級像は，子どもの思いと教師の思いが反映されたものとなっている。

2　目指す姿を子ども達と教師が共有している状態をつくる

　板書された「学級像」をもとに，学級集団としての目標を考えていく。
　スローガンなので，教師がよい言葉を考えてもよい。
　例えば，「自立」とか，「本気」，「共進（ともにすすむ）」など，一言で表せる言葉にすると，覚えやすい。
　ここで大切なのは，子どもの願いも，教師の願いも両方とも包含するような目標を考えることである。
　およそ集団を率いる上で，この「全員の願いを包含した目標」を設定することは極めて重要である。

子ども達は1人1人，夢や目標をもっている。
　当然ながら，教師も自分の目標をもっている。
　集団の構成員が，個々に，別々の目標をもっているのは当然である。
　だからこそ，学級経営の構成要員である，子どもと教師の目標を包含するような，大きなスローガンを用意することが大切だ。すると，子どもも教師も，そのスローガンの中で自己実現をしていくことが可能になる。
　もちろん，全員の願いを包含する目標を考えるのは，なかなかに難しい。
　「夢に向かって頑張る学級」と「いじめのない学級」といった，異なる内容を包含する言葉を考えなくてはならない。
　異なる内容の願いを包含するには，できるだけ抽象化を図るとよい。
　いじめをなくしたい，目標に向かってチャレンジしたい，勉強ができるようになりたい，みんなと仲よくしたい，そんな様々な願いを包含させるには，より高度な抽象化が必要になる。
　一言だと，子どもが考えた学級像全てを含めるのが難しい場合もある。その場合は，「いじめのない，あきらめない，元気なクラス」といったように，複数の目標を並べてもよい。
　そして，そのスローガンを教室のどこかに掲示しておく。
　ことあるごとに，「それは，みんなで決めた学級像に合った行動ですか？」と指導することができる。
　それに，子どもの願いが加味された目標を共有していると，子どもの行動が変わってくる。自分達で決めた目標に向かって，努力したり，行動を制御したりするようになるからである。
　多くの場合，目標は，学級の現状よりも高い目標になっているはずである。だからこそ，構成員全員の成長が必要になる。高い目標が，教師と子ども達の成長を促すのである。
　望ましい学級像に向かおうとする心が，教師と子どもと双方に生まれたときに，相乗効果が生まれ，目標に向かって加速していく。

第3章 共に生きる姿勢を育てる

2 学級集団の関係づくり強化への道筋

1 不登校の子への対応

不登校の子など，友達との関係をつくりにくい子がいる。
そういった子は，学級の中で孤立しやすい。
やがて，教室で孤独感を感じるようになり，学校が嫌になってくる。
この場合の対応には，1つの原則がある。
それはまず，教師などの大人と，縦の関係をつくりあげるようにすることである。
そうすることで，教室はアウェーの環境ではなくなる。教師だけでも，自分の味方であり，話し相手や遊び相手になってくれると感じるようになるからである。
大人との縦の関係を築いた上で，徐々に子ども同士の横の関係を強化していくとよい。
そうすると，友達関係がつくりにくい不登校の子であっても，友達を増やすことができる。やがて，楽しく登校できるようになる。
前年度に100日程度欠席をしていた子を幾人か受けもったが，全員が学校に休まず来るようになった。
大人との縦の関係を強化した後に，子どもとの横の関係を強化する。これは友達関係を築くのが苦手な不登校の子に対する1つの効果的な手法である。

2 「教師 対 子ども集団」の関係を築き上げる

実は，学級集団づくりをする上でも，この手法は効果的である。

つまり4月初期は，まず「教師　対　子ども集団」という縦の関係を築くようにすればよい。
　イメージとしては，教師がぐいぐいと子ども達を引っ張っていく形である。
　よいことは力強くほめ，だめなことは毅然として指導する。
　リーダーシップを発揮し，集団を統率していく。そんな関係である。
　もちろん，授業も大切である。
　「今年は，頑張れそうだ」，「先生と一緒に授業をしていると楽しい」「先生の授業は，勉強がよく分かる」と思えるような，成功体験のある授業をしなくてはならない。
　そうすることで，子ども達は教師を信頼するようになる。
　信頼関係がある程度できてくれば，第1段階の，「教師　対　子ども集団」の関係は構築されたことになる。
　教師が子ども集団を統率していく関係は，できるだけ早めに築きあげるとよい。4月いっぱいで，しっかりと，子どもからの信頼を勝ちとれるようにしたい。
　もちろん，荒れた学級を受けもつと，信頼関係をつくるだけで，1か月以上かかることはある。

3　「教師　対　子ども」，「子ども　対　子ども」の関係を築き上げる

　次にすることは，2つある。

①子ども達1人1人と，教師との関係をつくる。
②子ども同士の関係を強化していく。

　「教師　対　子ども集団」という関係を構築するだけでは，学級集団の関係づくりはまだ不十分である。
　どの子も生き生きと過ごせる集団をつくるには，上の2つを同時にやっていく必要がある。

① 「教師　対　子ども」の関係

　教師と学級集団との関係ができてきたら，今度は，教師と個々の子どもとの関係を強化していく。

　教師が個々の子どもと関係を強化するからこそ，子どもに「この教師のもとで頑張りたい」といった思いをもたせることができる。

　教師と子どもとの絆が強くなればなるほど，学習面でも生活面でも，子どものやる気が見られるようになる。

　振り返って，我々教師は，1人1人に毎日声をかけているだろうか。

　親身になって相談にのっているだろうか。

　絆を深めようと努力しているだろうか。

　こういったことを時々振り返ってみると，反省点が見つかることがある。例えば，問題のある子にばかりかかわっていたり，できる子にばかりかかわったりといったことが，よくある。

　そうであるならば，縁の下の力持ちのような目立たない子とも，しっかりと絆を深める努力をしなくてはならない。

　意識していないと，教師の接する相手が特定の子どもに集中している場合がある。これは子どもから見れば，「ひいき」に映るので，注意したい。

② 「子ども　対　子ども」の関係

　教師と個々の子どもとの関係強化と同時に，もう1つの関係も強化しなくてはならない。それが，子ども同士の関係である。

　子ども同士の関係を強化するには，関係強化の場を用意する必要がある。例えば，班で協力する活動を取り入れたり，授業の中でグループ活動を取り入れたりすればよい。

　係活動を自由に行ってよいことにするのも，1つの方法である。新聞係や，ゲーム係，イベント係など様々な活動が行われ，仲間との絆を深められる。

　休み時間の仲間関係強化のため，「遊びチーム」をつくったこともある。

　「遊びチーム」とは，休み時間に一緒に同じことをして遊ぶ仲間のことで

ある。晴れの日にドッジボールをするチーム，雨の日に将棋をするチームといったものである。

　この遊びチームは，友達をつくりにくい子には，絶大な効果を発揮した。そのチームに入っているだけで，仲間として休み時間に必ず誘われるからである。

　ただ，仲間づくりを無理強いしないよう，「去る者追わず，来る者拒まず」を原則とし，いつ作っても解散してもよいことにしていた。

　そのため，結成して数日で解散する，といったこともあった。

　しかし，次の日にまた新しい遊びチームや係活動が生まれていた。こうして，結成と解散を繰り返しながら，いろいろな友達と付き合っていけばよいと考えていた。

　学校行事や，学級活動の時間なども，チームで何かをするよい機会となる。

　チームで何かをしていると，必ずトラブルが起きるものだ。

　例えば，ある子は自分の仕事だけやって，後は遊んでいる。またある子は，自分の仕事が終わったら人のを手伝っている。こういう別々の考え方をもつ子同士が言い合いを始めるようなことがある。

　そういうときは，最初は教師が積極的に介入して，仲直りをさせてやればよい。

　お互いの意識の違いから争いが生まれていること。

　自分の気持ちを話し合えばよいこと。

　意見が違ったら，とりあえず自分の意見を言ってみること。

　みんなで相談してみること。

　どうしても困ったら，多数決，じゃんけん，ルールの話し合いなどの手法を使って解決すること。先生に介入してもらってもよいこと。

　このように，教師が人との付き合い方を教えていくのも大切なことである。

4　アンケート調査を定期的に行う

　子ども同士の関係がどの程度深まったかは，教師の観察だけでなく，個々にアンケートをとって確認すると，実態がよく分かる。

　例えば，生活アンケートで，「学級で，よく話したり遊んだりする人は誰ですか」などと尋ねる。

　すると，見ているだけでは分からないことが，明らかになることがある。

　仲のよさそうな集団が，実は内部で，孤立している子がいたり，互いに反発していたりするといったことも分かる。

　また，休み時間に誰とも遊んでいない子が明らかになるかもしれない。

　自分から，友達関係をつくろうとしていない子もいるかもしれない。

　集団づくりのためのアンケートも種々のものが開発されている。

　自分がつくったアンケートでもいいし，市販のものでもよい。

　定期的に，アンケート調査をしてみると，子どもの実態がよく分かる。

　特に，孤立している子がいる場合は，集団づくりの手立てを見直すと同時に，個別の対応が必要になる。

　以上に述べてきたように，学級集団における関係づくりには，筋道がある。

　子どもが教師を信頼するようになる。

　そして教師を慕う気持ちが生まれてくる。

　さらに，子ども同士の関係も強化されてくる。

　このような状態がつくられれば，きっと学級の子ども達は生き生きと過ごすことができるようになるだろう。

　そして，人と共に生きる喜びを味わって生活できるようになるだろう。

第3章 共に生きる姿勢を育てる

3 「認め合い」を生み出す

1 「認め合い」が必要な理由

「認め合い」とは，子ども同士が互いを価値ある存在として認めていることを意味する。

人にはそれぞれ違いがある。その違いを尊重し合っている状態が，「認め合い」である。

たとえ相手と意見が食い違っても，相手の意見を大切にする。

相手が自分と違っていても，その違いを認める。

そういった認め合いの雰囲気があると，子ども達の学級生活はぐっとよいものになる。グループで何かをするときも，遊ぶときも，相手を尊重する姿勢の中で行われるようになるからである。

認め合いの雰囲気があると，学習に対する子どもの姿勢も変わってくる。相手の意見を認め合うようになる。そして，みんなで力を合わせて学習を深めようとする姿勢も出てくる。

反対に，認め合いの雰囲気がないと，教室で行う活動は，うまくいかないことが多い。

例えば，協同学習。

認め合いの雰囲気がないと，グループ活動をしたとしても，うまくいかないことが多い。できる子が全部進めてしまうといったことが起き，時には，できる子ができない子の意見を笑うような状態も生まれる。

これでは，協同学習が成立しているとは言いがたい。互いの意見を真剣に聴き合い，よい方法を生み出そうとする気持ちがなければ，グループ活動の効果は上がらない。

では,「認め合い」の雰囲気をどのように生み出せばよいのだろうか。

2 「認め合い」が生まれるとき

　4月になると,子ども達に自画像を書かせる。教室の後ろに学級目標とともに掲示するためだ。
　この自画像を教えていると,気付くことがある。
　それは,初めて本格的な自画像を描いた子は,何が上手で,どこが下手なのかが,自分でわかっていないということだ。
　「目がこんなに,本物とそっくりでいいのかなあ？」
　「大人っぽくなっちゃったけど,いいのかなあ？」
　本格的な自画像は,今まで子どもが描いてきたものとは違った,趣のある絵になる。だから,本当にこれでよい絵になっているのか,不安を感じているのである。
　「自分は,ひょっとしたら失敗しているのではないか」と考えている。
　私が近くを通ると,絵を隠す子もいる。
　そこで,「上手に描けているよ」と一言声をかける。
　すると,自信が少し出てきて,隠すことはなくなる。
　「見られてもいいや」と,気持ちが変化するためである。
　そして,自分に自信が出てくると,友達の絵をほめる子が出てくる。
　「目が上手に描けているからうらやましいなあ」
　「髪の毛を1本1本流れるように描けていてすごいね」
　このように互いの作品を,認め合う雰囲気が生まれてくる。
　ここから分かるのは,「自信がない」状態だと,認め合いの状況は生まれにくいということだ。

3 「認め合い」の雰囲気をつくった上で，認め合いの場を設定する

　認め合う雰囲気をつくるには，子どもの自己肯定感を高め，自信をもたせる必要がある。

　教師が「教えて，助言し，励まし，ほめる」中で，全員が自信をもてるようにしていくことが必要になる。

　反対に自己肯定感が高まらないと，なかなか相手のことを認められないといったことが起きる。

　荒れた学級では，このことが顕著に見られる。

　まだ先生にほめられていないとき。助言もまだもらっていないとき。

　そんなとき，荒れていた子達はどんな反応をするか。

　自分の絵を卑下するのである。「こんなに，変になったよ」と。

　自分で自分の絵を笑うことで，他人から馬鹿にされたときに，ショックをやわらげるようにしているのである。

　または，自分より下手な子を探して，「変な絵！」と，馬鹿にする子もいる。自分は下手だと言われないように，防衛するのである。

　このようにネガティブな言葉が，教室のあちこちで聞かれる。

　子どもが絵の描き方が分かっていないとき。

　そんなとき，鉛筆で薄くなぞってやるとよい。

　「このあたりに，目を描くといいよ」

　他にも，髪の毛を多くしたらとか，目にはまつげもあるよ，とか，耳のしわをもう少し増やしたらとか，いろいろと助言していく。

　そして，描けたら，「いい絵になってきたね」と力強くほめる。

　最初うまく描けなかった子も，助言を受けているうちに，上手に描けて自信を得る。

　すると，人に見られても，恥ずかしくなくなってくる。

　それどころか，他人の絵を見て，「上手だね」「そっくりだ」などと誉め合うようになる。

自画像が完成する頃には，認め合いの雰囲気は教室全体に浸透する。そうなったところで，指示する。
　「絵を描いている途中ですが，ここでいったんストップして，絵の見せ合いをします。みんな上手に描けていますよ。友達の上手なところを見つけましょう。そして，よいところはどんどん真似をしましょう」
　すると，自然と「相手の作品を誉め合う」状態が生まれるのである。
　このように，まずは教師が，励まし・認め・ほめるといった，肯定的な言葉がけを行うようにしたい。
　すると，子どもの自己肯定感が高まり，認め合いの雰囲気が生まれてくる。その上で，認め合いの場を設定し，互いのよさに気付く体験をさせるようにすればよい。

4　「みんな違うからすばらしい」を教師が伝えていく

　そして，もう1つ大切なのが，教師自身が，「それぞれの子どもに違いがある。だから，すばらしい」と伝えることである。
　授業で，変わった意見が出たとしても，それに価値があることを紹介していく。まったく見当外れのような意見が出ても，「多面的に考えてみること」に価値があることを伝えていく。いずれにしても，それぞれの子が出した考えを認め，ほめることはできる。
　時には，「どう見ても間違っている意見」が，実は正しかったというような授業をするとよい。どんなに見当外れに思える考えでも，正しいことがあるということを，子ども達は事実で学ぶことができるからである。すると，意見が食い違ったとしても，相手の考え方をしっかりと聴く子どもに育っていく。
　このように，意図的に「認め合い」の雰囲気を生み出す仕掛けを行っていくとよい。

第3章　共に生きる姿勢を育てる

第3章　共に生きる姿勢を育てる

4　差別・いじめをなくす

1　差別を許さない雰囲気をつくる

　子どもの世界は，基本的に「弱肉強食」である。
　集団になると，弱い立場の子と，強い立場の子が生まれてくる。
　こうして，差別的な階層構造が築かれることがよくある。
　教師が意識的に指導しないと，差別的な関係が1年間でますます強化されることになりかねない。
　差別的な関係が構築された集団では，子どもは，自分の力を発揮できない。自立の姿勢も生まれない。誰かに支配されたり，依存したりといった関係ができあがってしまうからである。
　差別をなくすには，差別を許さない雰囲気をつくりださなくてはならない。
　そのために，教師がやることは2つある。

① 　教師が差別をしない。
② 　教師が差別を許さない。

2　教師が差別をしない・許さない

「特定の子をひいきする」そんなことがあってはならない。
　ただし，これは頑張っている子をほめてはいけないということではない。
　頑張っている子はほめる。
　正直者もほめる。
　ルール違反をしている子，マナー違反をしている子，そういう子は叱る。

これは当たり前のことである。
　「ひいきをしない」のは，普段の教師と子どものかかわりにおいてである。
　例えば，何かの用事を子どもに頼むとする。
　このとき，いきなり特定の子を指名するのではなく，いったん全員に聞くようにしたい。
　「誰か，落とし物袋を，隣のクラスへ持って行ってくれませんか」
　すると，幾人かが手を挙げるだろう。
　そのとき，手を挙げた子の中で，誰を選べばよいのだろうか。
　例えば，「じゃあ廊下に近いので〇〇くん」のように頼むのである。
　単に廊下の近くの席に座っていたから頼まれたのだ，というのであれば，子どもは納得する。
　これを，いつも同じ子に頼んでいると，子ども達は「先生は，特定の子だけに用事を頼む」と思い込んでしまう。細かなことでも，ひいきをされていると思う子はいる。子どもは，教師の言動に敏感である。
　他にも，配り物が4種類あって，それを配ってもらうとき。
　配り係には7人いるとする。
　いつも同じ人に配るのを頼むのではなく，「前配らなかった人や，最近配っていない人が配りなさい」，と指示する。
　くれぐれも同じ子に毎回頼むことがないようにしたい。
　「差別はしない」そう強く意識していないと，なかなか全ての行動に気を付けることはできないものだ。
　そして，子どもの差別的な発言や行動には厳しく指導する。
　ある子だけには，ちょっかいをかけるといったこと。
　ある子には，暴言をはくといったこと。
　こういうことは許さない。なぜ弱い立場の子には強くあたるのか。それこそが，差別ではないか，と追及するのである。
　子どもにも，差別をなくすよう要求していくのである。

3　いじめをなくすシステムをつくる

　差別を許さない雰囲気をつくりあげるのと並行して、いじめをなくす取り組みも行っていく。
　いじめをなくすには、そのためのシステムを、取り入れるとよい。

> ①いじめを予防するシステム
> ②いじめを発見するシステム
> ③いじめを根絶するシステム

　予防とは、いじめへの「抑止力」を働かせるという意味である。
　例えば教師が、いじめを許さないと宣言する。いじめは犯罪だということも教える。
　また、道徳でいじめの授業を行う。いじめが、いかにひどく相手を傷つけるかを教えていく。
　このようにして、いじめが起きない土壌をつくっていくようにする。
　しかし、予防だけでは十分ではない。
　「いじめはどの学級にも起きる」という前提に立ってシステムを組まねばならない。
　そのため、次に必要になるのは、いじめを発見するシステムである。
　発見は、担任の目、保護者の目、他の教師の目、子どもの目など、複数の目で行うようにすればよい。
　子どもにも伝えておく。「いじめは誰にでも起きます。いじめていた子がある日急にいじめられたということも起きます。いじめられたというのは、恥ずかしいことでもなんでもありません。いじめられたと思ったら、直ちに、先生かお家の人か、保健の先生か、誰でもいいからすぐに相談しにいきなさい」と伝えておく。これで、いじめを報告する子も出てくる。
　ただし、これだけでは十分ではない。
　いじめをひたすら隠す子もいるからだ。

有効なのは、生活アンケートである。
　生徒指導主任を歴任していた頃、いじめのアンケートを年に３回行っていた。
　さらに、それとは別に、いじめを防ぐための生活アンケートが担任によって行われることもあった。
　アンケートには、生活習慣に関する質問とともに、次の項目を入れていた。

○さいきん、いやなことを言われたり、されたりしましたか。
　　はい　いいえ

○さいきん、友達がいやなことを言われたり、されたりしたのを見たことがありますか。
　　はい　いいえ

○さいきん、休み時間に、友達と話やあそびをしない日がありましたか。
　　はい　（１～２日　３～４日　５日より多い）　　いいえ

　ポイントは、○をつけるだけのアンケートということだ。
　○をつけるだけの作業なので、はいに○をしようが、いいえに○をしようが、かかる時間は同じである。
　これを記入式にすると、時間が違ってきて、「あいつは何か書いている」と、いじめている子に知られてしまう。
　もし記入式を取り入れるなら、簡単に書く欄を用意することだ。
　このアンケートは、教育相談週間とリンクして行っていた。
　アンケートを実施して、すぐに教育相談がある。１人１人に詳しく話を聴くことができる。このアンケートに書かれていなくても、教育相談で言うこともある。
　たとえ本人がいじめを隠していても、他の子は見ているので、教師に報告される。

また，「最近，友達と遊んでいない」と答えた子も要注意である。
　アンケートと教育相談によって，隠されたいじめが発見されることも多い。
　いじめが発見されたら，いじめを根絶するシステムが必要となる。
　解決は，担任が行うが，生徒指導主事や管理職も相談にのる。
　そして，全職員で共通理解し，いじめが再度起きないよう観察していく。
　保護者にも連絡を入れる。これは担任が行うが，こじれた場合は，生徒指導と管理職が立ち会うこともある。
　こじれるのは，いじめをしていた側が，保護者共々，居直ったときだ。
　これには，管理職が厳しく言うしかない。
　「いじめは許さない」この原則をとにかく貫き通すのである。
　いじめは人の命を奪うこともある。学校では最大級の事件である。
　教師には，至誠と同時に，断固たる姿勢が求められる。
　現場には，いじめていた子もかばうような，なよなよした態度の教師がいる。
　いじめられて転校していった子どももいる。
　いじめを受けた側が転校してしまう。これは話が逆である。正直者が被害を受けているわけである。
　いじめが根絶したと判断するのは校長である。それまで継続的に観察を行い，保護者にも連絡を入れていく。根絶が確認されるまで，少なくとも半年は継続的に連絡を取り続ける必要がある。
　いじめのシステムの詳しい取り組みは，拙著『必ず成功する！　学級づくりスタートダッシュ』（学陽書房）を参照してほしい。
　学級の差別は教師だけがなくすことができる。心して指導にあたりたい。

第3章 共に生きる姿勢を育てる

5 集団への所属感を高める

1 所属感を高めるために

学級の子ども達は,希望して集まったわけではない。
学級編成で,たまたま集められただけである。
そのため,4月初期には,学級への「所属感」は乏しい。
ここで言う所属感とは,次のような実感をもつことである。

①学級にいると楽しく,成長できる。
②自分はこの学級で大切にされており,認められている。
③学級集団の中で居場所があり,友達との連帯感がある。

マズローの欲求段階説によると,「自己実現の欲求」を引き起こすには,「所属と愛の欲求」を満たす必要があることが示されている。
そのため,「高い目標への挑戦」や「学級の自治」にまで子どもを導くには,前提として,学級への所属感を高めなくてはならない。
所属感が高まると,教室はアウェーからホームへと変化する。
人は,ホームの中でこそ,生き生きと意欲的に行動できる。努力する姿勢や,友達と共に生きる姿勢も培われてくる。

2 「学級にいると楽しく,成長できる」実感をもたせる

「学級にいると楽しい」そのような実感をもたせるにはどうするか。
楽しいというのは,別に笑いがあるという意味ではない。
その学級で過ごす時間が楽しいということである。

例えば，友達と一緒に遊べるので楽しい。先生から，ほめられるので楽しい。授業が楽しい。そういったことである。
　中でも，授業が楽しい，休み時間が楽しいの2つは重要である。
　学校生活の大半は，授業である。授業が楽しくないと，学校生活の大半が，楽しくないことになってしまう
　また，休み時間も結構多い。仲のよい友達と過ごせるかどうかは，楽しく過ごせるかどうかの大きな要因となる。
　4月によくあるのが，仲のよい子と別の学級になって，1人さみしく休み時間を過ごしている子がいることである。
　1人ぼっちの子が出ないよう，次のような言葉かけをしていく必要がある。
　「休み時間は楽しく遊んでほしいと思っています。でも，仲のよい友達が，別のクラスにいった人もいます。休み時間になったら，ちょっとまわりを見渡してください。1人の人がいたら，できるだけ，一緒に遊ぼうって誘ってほしいのです。そして，遊びたい人も，自分から遊ぼうって言いに行ってほしいのです。遊びに入れてって言われた人は，断ってはいけないよ」
　このような話をすると，ホッと安心する子がいる。
　教師が上のような話をしていても，それでも1人になる子はいる。
　そのため，新学期の4月には，1人ぼっちの子はいないかどうかをチェックするようにしたい。
　もし，友達がつくれなくて困っているのであれば，教師がさりげなく，その子と一緒に会話をしたり，遊んだりするとよい。もちろん教室にいる子ども達を誘ってみんなで遊ぶわけである。
　しばらく複数の子を巻き込んで会話や遊びを楽しんでいると，教師がいなくても，友達と楽しく過ごせるようになってくる。
　このように，授業も休み時間も，楽しく過ごせるようにしてやりたい。
　また，「成長できる実感」をもたせることも大切である。
　これは，成功体験を保障する授業を行うことで，実現できる。
　「楽しく」，しかも「できる」。この両方を満たした授業をするよう心がけ

るとよい。

「楽しく」というのは，知的に満足させられるという意味である。

「できる」というのは，授業後に，全員が，内容を理解しており，技能を習得している状態をつくることである。

「楽しく」と「できる」の両方を満たした授業をするには，そのためのやり方がある。

基本的には，教師が「教えて，助言する」ことを授業で行っていかなくてはならない。そして，子どもの知的好奇心が満たされるような仕掛けを取り入れなくてはならない。

拙著『プロ教師直伝！ 授業成功のゴールデンルール』（明治図書）に，古今東西の授業方法・技術を紹介したので，是非，参照してほしい。

3 「自分はこの学級で大切にされており，認められている」実感をもたせる

(1) 名前を呼ぶことの大切さ

次に，「自分はこの学級で大切にされており，認められている」実感をもたせるにはどうしたらよいかを考える。

一番簡単で，効果的な方法は，次である。

> その子の名前を呼んで，話すこと。

例えば，手伝いを子どもに頼むとき。

「日直の○○くん，○○さん。ちょっとこれ手伝ってくれない？」

「○○くん，○○さん。ありがとう。助かったよ」

このように，名前を呼んで，会話をする。ただそれだけである。

「○○さん。おはよう」

「○○さん。いつも黒板そうじきれいにしてくれてありがとう」

会話の中に，その子の名前を入れるだけで，何倍も心に響く言葉になる。

第3章 共に生きる姿勢を育てる 79

（2）さらに大きな効果を生む方法

そして，さらに効果的な方法がある。

> その子の頑張りを認め，名前を呼んで，ほめること。

人は誰だって，自分のことを認めてほしいと思っている。

頑張ったこと，努力したことに対し，正当な評価をしてほしいと思っている。

だから教師は人一倍子どもの頑張りには気を配らなくてはならない。

陰ながら頑張っている子を見つけ，ほめなくてはならない。

よくやってしまうミスが，やんちゃな子にばかりかかわって，目立たない子，縁の下の力持ちのような子の頑張りを見落としてしまうことである。

集団に所属していたいと思えるのは，自分の努力が正当に評価されるからである。

ほめるときや，頑張っていることを紹介するときにも，名前を入れて，その子を認めていきたい。

（3）個人との会話を楽しむ

学級の個々の子どもに話しかけることも大切になる。

教師から話しかけられると嬉しいものである。「大切にされているな」とも思えるようになる。

今日誰と話したかをチェックしてみると，あることに気付く。

それは，教師が意識的に話しかけようとしない場合，同じ子とばかり話してしまっていることである。

たわいのない会話でもかまわない。どの子にも，毎日少しでもいいから声かけをしたいものである。

もちろん，子どもによって，教師と接する距離感は異なる。

誰とでも同じように話しかけるというのは，うまくいかないことが多い。

子どもの中には，休み時間に馴れ馴れしく話をしてほしくないと思ってい

る子もいる。そういう子は,授業中に教師からほめられたり,質問されたりすることで,満足することもある。

思春期を迎えた子の中には,普段話しかけてもそっけない態度だが,日記だといろいろと話をしてくれる子もいる。

反対に,教師と一緒に遊びたい子もいる。そんなときは,休み時間に一緒に過ごすとよい。

子ども自身が,教師とどういう距離感で付き合いたいかを知る努力をし,その子が想定するちょうどよい距離感でコミュニケーションをとるとよい。

4 「学級集団の中で居場所があり,友達との連帯感がある」実感をもたせる

3つ目に,「学級集団の中で居場所があり,友達との連帯感がある」実感をもたせたい。

言葉を変えれば,「自分はこの学級にとって必要な存在なのだ」という実感である。

そのような実感をもたせるため,教師が,子ども達1人1人を,「学級の宝だ」と思っていることを,伝えるようにしたい。

その子のよさを見つけ,その子の頑張りを見つけて,それを教師自身がすばらしいと思っていることを伝えるのである。

係の仕事などを頑張った後で,直接「○くんがいてよかったよ」と伝える。また,連絡帳や日記帳に書いてもよい。学級通信で,子ども達1人1人の頑張りを伝えるのもよい方法だろう。

特に,前年度荒れた子ほど,みんなにのけものにされることを恐れている。中には,保護者からも,「転校せよ」と迫られている猛者もいる。

悪いことをしたら叱りながらも,「君は必要だ」という思いを伝えていくべきだと考えている。

そして,事実,その言葉は,子どもをよい方向へと向かせることになる。

また,「友達との連帯感」も育てたい。

第3章 共に生きる姿勢を育てる 81

そのためにすることはいくつもある。

例えば、「友達のよいところみつけ」である。

友達の名前が書かれたカードをランダムに配り、名前が書かれた友達のよいところを3分ほどでできるだけたくさん書く。3分経ったらまたカードを別の人にランダムに配る。それを繰り返すといった取り組みである。

自分のよいところが、たくさんカードに書かれる。やんちゃな子ほど、カードを宝物のように大切に家に持って帰る。

もう1つは、定期的に行う、アンケートと教育相談の取り組みである。

事前に行うアンケートでは、「最近頑張っている友達のことを書いてください」と指示する。何人書いてもいい。具体的なことを書かせる。

それを教育相談で伝えるのである。

「AさんやB君がね、あなたのことを、こんなふうに頑張っているってほめていましたよ。すごいね。先生が見ていないところで、よく頑張っていたんだね」

こう言うと、前年度荒れていた子ほど、衝撃を受けるらしい。

先生がほめてくれたこと。そして、友達が自分のよいところを見ていて、それをアンケートに書いていたこと。

友達への信頼感が増し、行動も改善されていく。その子の内から、友達への信頼感や、頑張る気持ちがわき起こってくるからである。

ただし前提として、教師が厳しく「悪いことは悪い」と言っていないと、意味がない。ダメなことはダメと言う、道理をきちんと通す教師から、力強く認められるからこそ、子どもの心に響くのである。

第3章　共に生きる姿勢を育てる

6　仲間をつくるための個別指導

1　友達とかかわれない子

　3年生を受けもったときのことである。
　学級に，Ａ男という賢い子がいた。テストはいつも満点。教師との会話も，なんなくこなす。発表も積極的だ。
　ところが，Ａ男には悩みがあった。それは，友達がいないことだった。友達がいないので，休憩時間はいつも1人で過ごしていた。
　子ども同士で会話はするのだが，自分から話しかけることはほとんどなかった。
　休み時間は，1人，廊下をうろうろしているか，1人で係の仕事をやっていた。
　Ａ男に「友達と遊ばないの？」と話しかけると，次のように答えた。
　「遊びたいけどいつも1人です。ひょっとして自分は嫌われているのかも……」
　本人は，「友達と遊びたい」と思っている。しかし，友達とどう接していいのかわからなかったのである。
　休み時間を1人で過ごすＡ男の，学級への所属感は大変低かった。Ａ男にとって学級は，アットホームに過ごせる場ではなかったのである。
　学級に仲間をつくれるかどうかは，子どもが所属感を得ることができるかどうかの大きな要因となる。
　しかしながら，教師がイベントを企画したり，一緒に子ども達で協力する機会をつくったりしても，なかなか友達をつくれない子もいる。
　そんな場合は，個別指導が必要になる。

では，どう解決していけばよいのだろうか。

2　問題をとらえてから，手立てを打つ

個別指導は，次の2つの視点をもって行っていくとよい。

> ①環境の問題は何か
> ②個人の資質の問題は何か

以下，それぞれの視点をもとにして，どのように解決したかを紹介する。

(1) 環境の問題を解決する

A男の場合，環境の問題として，次のようなものがあった。

それは，A男が小さい頃，よく癇癪を起こして，すねたり泣いたりしていたことである。そのせいもあってか，まわりの子は，「A男は，頭はいいけど，何か付き合いにくい人」と思っているのであった。

確かに，A男は時々すねることがあった。しかし，小学校3年生の今では，真面目で素直，優しい，ユーモアがあるといったよさの方が前面に出てきていた。

つまり，まわりの子は昔のイメージを今も持ち続けているのである。
「何となく，A男は付き合いにくい」というレッテルを貼っているわけだ。
これを何とかしないといけなかった。

A男の負のレッテルを，剥がしていく必要があった。

そこで，A男のよいところを機会があるごとに紹介していくことにした。
負のレッテルをはがすには，その子のよいところを紹介するとよい。

「付き合いにくい」という負のレッテルがあるのなら，それとは反対の「A男と会話していると楽しい」とか，「A男は，みんなのことを考えた意見を発表するから，友達思いなんだ」のようなよさを紹介していけばよい。

負のレッテルと反対のよさを紹介し続けていると，薄皮をはぐように，だ

んだんとまわりの子の意識も変わっていった。

(2) 個人の問題を解決する

　個人の資質の問題もあった。
　それは,「自分は友達をつくりたいんだけど,つくり方がわからない」という問題である。
　そこでお手本として,友達との遊び方,付き合い方を,実際に私がやってみせることにした。
　まずは,Ａ男と気が合いそうな子を一緒に引き連れて,3人～6人ぐらいで休み時間に遊ぶようにした。
　「何をして遊ぶか？」を決めることから始める。
　決まらない場合は,「多数決」か「じゃんけん」をする。
　こういったちょっとした遊びのルールも教えていった。
　遊んでいく中で,友達との付き合い方もわかってくる。
　私が,ガキ大将になって,実際にこんな会話をすればよいのだとか,こんな感じで楽しめばいいのだということをやってみせる。
　モデルがあると,具体的な友達との接し方がよくわかる。
　それと,実際に友達と遊ぶ体験をさせることが,一番の学びになる。
　教師のモデルを見つつ,Ａ男も友達と会話をしたり,ちょっかいを出し合ったりといったことをやっていく。
　モデルを通して学ぶ。これはＡ男にもいい学びになったようだ。
　だんだんと友達との交流の機会も増えていき,自分から交流することができるようになった。
　といっても,最初は無言の交流で,見ていておもしろかった。
　会話をまったくせずに,目であいずちしたり,手でポンと友達の肩を触ったりといった交流をしているのである。
　会話の力は抜群なのに,友達に話しかけるのは苦手なのである。
　それが,半年もすると,ちゃんと会話をして交流ができるようになってき

た。
　さらに、「遊び仲間」というチームをつくり、いろいろな遊びを組織した。
　小学校の中学年ぐらいだと、同じ遊びが好きということで、友達になれる。
　A男はドッジボールと将棋が好きだったので、ドッジボール仲間でチームをつくり、将棋仲間で別のチームをつくった。
　晴れの日は、ドッジボールチームの一員として、7人ぐらいの友達と楽しくドッジボールをする。
　雨の日は、5人ぐらいの将棋チームの一員として、リーグ戦をやる。
　学校が休みの時も、公園で、たくさんの友達と一緒に遊ぶようになった。
　気の許せる友達が教室に増えてくるにつれ、A男は教室で、生き生きと過ごせるようになっていった。
　このように、その子個人が抱えている問題と、環境が引き起こしている問題を両方解決することで、A男に仲間ができた。
　もちろん、無理やり仲間をつくりなさいとか、全員と仲よくしなさいとか、そういうことを強要するのではない。
　全員と仲よくするのは、難しいことである。「誰とでも仲よく」を強く要求しすぎると、子どもに無理が出てくる。
　ただ、仲間をつくりたくてもつくれない子には、教師が陰ながら助けてやることが必要になる。
　仲間が増えてくるにつれ、その子の前向きな気持ちが、ますます高まっていくはずである。

第3章 共に生きる姿勢を育てる

7 共に力を合わせる喜びを体験させる

1 「力を合わせる喜び」を体験させる意味

　先にも述べたが,「みんな仲よく」を強要すると無理が出てくる。
　それは,性格的に合う子もいれば,合わない子もいるのが自然だからである。
　「みんな仲よく」を強要するのではなく,みんなで一緒に何かをやったら達成感があったという体験をさせることが重要になる。
　「共に力を合わせると,1人ではできなかったことができた」
　「みんなで協力すると,アイデアも豊富に出て,充実した時間を過ごせた」
　「みんなで,悩みを解決し,成功したときには,何倍も嬉しかった」
　そういった「共に何かをやって,成功した」体験をさせることで,子ども達には,次もまたみんなと一緒に何かをしたいという気持ちがわいてくる。
　強制的に仲よくさせられているのではなく,子ども自身が他者と共に協力したいと思えるよう導いてやりたい。

2 1人では解決できないがみんなとなら解決できる場を設定する

　力を合わせる喜びを味わわせるには,「1人では解決できないけれど,みんなと力を合わせると解決できる」課題や場を用意するとよい。
　例えば,ある年の学校祭りでは,高学年に,「特別教室一杯に,迷路を作る」という課題に取り組ませた。
　特別教室は,教室の倍の広さがある。
　普通,迷路をつくるときは,教室の机を並べて終わりである。

ところが，教室の机を並べても，部屋の半分以上に何もない空間が生まれてしまった。
　そこで，困ったのは子ども達である。
　残りの半分のスペースにどんな迷路をつくるかを考えなくてはならない。
　これが難点だった。部屋の半分以上が「空っぽ」なのである。
　子ども達は相談し，いろいろと案を練った。
　解決策は，2つ出された。
　1つは，他教室の長机を借りてきて，その上に屋根として，ビニールシートをかぶせるというもの。これは，よいアイデアで，すぐに実現した。
　もう1つは，ダンボールで本格的なトンネルを作る案である。迷路には，トンネルがつきものである。「暗くて，長いトンネル」があるだけで，スリルが生まれると子ども達は考えたのだ。
　ところが，構想はいいのだが，どうもうまくトンネルが作れない。
　四角のトンネルをダンボールで作ってもすぐに倒れてしまうのである。
　頑丈なダンボールが必要なのだ。
　しかも，できあがっても狭くて通れない。最低でも，大人2人が入れる広さのトンネルをつくらないと，窮屈で仕方ない。
　そこで子ども達は，放課後になって学校近くの店に，「ダンボールをください」とお願いをしにまわることになった。
　これで大きなダンボールは確保できたのだが，さらに問題が起きた。

　途中でトンネルを曲げようとすると，耐久力が弱まり，すぐに壊れるのである。
　子ども達は，何とかトンネルに曲がり角を作りたかった。なぜなら，トンネルを90度に曲げ

ると，トンネルが暗くなり行き止まりに見えるからである。
　子ども達はさらに，案を出す必要に迫られた。人が通っても倒れず，壊れないようにする必要があった。
　砂袋をおもりにする案が出されたが，失敗。
　ダンボールにタフロープを通して，つり下げるという案も，失敗。
　子ども達は，試行錯誤の中で，「もうダメか」，「できるかも」のせめぎ合いを何度も体験した。
　最終的に，迷路のために借りてきた机を利用して，トンネルが倒れないようするという案が出て解決した。
　このように，「あ〜でもない，こうでもない」，とそのダンボールトンネルだけのために，みんながアイデアを出し，あれこれと工夫をし，動いた。
　そして本番当日。このダンボールトンネルは，迷路に参加した低学年の心をわしづかみにしたのである。
　感想も，「トンネルがドキドキしました」とか，「入るのに勇気が入りました。だってそこだけ真っ暗なんだもん。怖かったです」など，トンネルに対してのものが多く寄せられた。
　作った子ども達は大満足であった。学校祭り後の感想文で，「トンネルを作るのに苦労したけど，みんなでアイデアを出して，失敗しながら，何度も何度も作り直したのが，とても心に残った」のように書いた子がたくさんいた。
　こういった経験をすると，みんなでアイデアを出して，工夫することに喜びを見いだせる子どもになっていく。
　他者と協力し，共に何かを為し遂げることの達成感に気付いていく。
　そして，他者と共によりよいものをつくり出そうとする姿勢が生まれてくるのである。

第3章　共に生きる姿勢を育てる　89

3 他者と力を合わせる姿勢を生み出す「教師の語り」

　もちろん教師が，子ども同士の協力を促す語りをすることも大切である。
　例えば，学校祭などのイベントがある前に，次のような話をする。
　「1人で生きるより，みんなと生きる方が，実は楽しく，充実します。
　何かのイベントをするとき。せっかくだから，みんなで盛り上げようと思います。盛り上げる方法を言います。それは，みんなで力を合わせて，イベントをすごいものにしようとあれこれと工夫することです。
　時にうまくいかないことも出てくるかもしれません。あきらめそうになることもあるでしょう。意見が対立することもあるかもしれません。
　でも，うまくいかないことを解決しようとあれこれとみんなで工夫すると，最後には解決するものです。そして，そんなことが，何年も忘れられない，いい思い出になります」
　そして，次のようなイベントの心構えを示すようにしていた。

> レベル1　自分の役割を自分で果たす。
> レベル2　自分以外の仕事も，手伝う。
> レベル3　困ったときに，アイデアを出してあきらめない。

　年によって心構えの内容は変わるが，おおよそ上のようなものを示しておいた。
　そして，レベル3までできたらとても立派だよ，と伝えていた。
　「自分のこともできたし，みんなのために行動できた。精一杯できた。そのような頑張りをすると，とても充実した気持ちになっています。やってみればわかります。レベル3までできたら，きっと，気持ちいいな，やってよかったなと思うはずです。
　中途半端はグチが出ます。全力でやれば，アイデアが出ます。
　自分のことを自分でできる人が，みんなと協力すると，すごい力が生まれます。よいイベントにしてほしいと先生は願っています」

4 授業でも,他者と力を合わせることの喜びを体験させる

　授業においても,友達と協力して学習することのよさに気付かせていくことができる。
　例えば,グループ学習を授業に取り入れる場合。
　「1人では解決できないがみんなとなら解決できる場」を設定し,友達と一緒に解決するように促していく。
　グループ学習を充実させるには,次の条件を満たすのがポイントとなる。

> ①目的に対し動機付けを行う。
> ②目的を共有した「異質の子ども」が集まったグループを編成する。
> ③役割分担し,個人の責任を明確にする。

　この3つのポイントはそれぞれに意味がある。
　グループ学習は,目的をはっきりさせ,その目的を何とかして果たしたいという動機づけを行うことから出発する。
　動機付けがうまくいっていないと,途中で解決をあきらめたり,人任せになったりしてしまうからである。
　そして,目的を共有した子ども達を集める。
　このとき,できるだけ異質の人間が集まった方がよい。
　同質の子ども達がそろっても,似たようなアイデアしか出ず,幅広い活動ができないことが往々にしてあるからだ。
　そして,個人の責任を明確にするべく,役割分担を行う。役割分担をし,何らかの仕事のチーフにそれぞれの子がなることで,責任感と積極性が生まれてくる。たった1つでも仕事を受けもつことで,学習参加の程度がまったく異なってくる。
　このような協力する学習を通して,みんなで解決することができた体験をさせたい。

第3章 共に生きる姿勢を育てる

8 「協力の大切さ」を体験的に理解させる

1 簡単なゲームで大切なことを教える

「協力が大切だ」と言葉で言っても、なかなか子どもには伝わらない。

しかし、語りとともに、体験をさせると、言葉の意味が、実感をもって理解できるということがある。

そこで、学級活動の時間などを使って、時々、「協力するゲーム」を行うとよい。

協力するゲームには、様々ある。エンカウンターでもよいし、学級ゲームと呼ばれるものでもよい。子ども同士が協力する要素があり、短時間でできるものを選ぶ。

例えば、「建物づくり」のゲームを行う。

1人に1枚、雑紙を配る。そして、次のように説明する。

「今から、ちょっとだけ時間があるので、簡単なゲームをします。1人1枚紙を持っています。4人班で、4枚あります。班で、できるだけ高い建物を作るゲームをします」

子ども達は、「どういう意味？」、「どんな建物をつくるの？」などと首を傾げる。

「とにかく、高い建物だったら、どんな形でもいいです。紙を切ったり貼ったり折ったり、何をしてもかまいません。一番高い建物をつくることができた班が優勝です」

子ども達は、「おもしろそう！」と笑顔になる。

セロハンテープや、のりなどは自由に使ってよいことにする。

「建物」なのだから、自力で立っていなくてはならない。

すると，班によって，バラバラの動きになる。
　三角の建物を作ったり，丸めてタワーにしたりと様々である。
　また，ある班は，それぞれが勝手に紙を折ったり切ったりしてしまって，後悔している。
　ある班は，作業の前に，どんな建物を作ればいいかを相談している。
　こうした中，やはり，よく協力していた班が，高い建物を作ることができる。
　たかだか，5分程度の遊びだが，こういったゲームでも，協力とは何かが子どもに分かってくる。
　協力すると，みんなの力が合わさってよい結果が出ること。
　協力のためには，人の話を聞かなくてはならないこと。
　1人で勝手に行動すると，だめなこと。
　体験を通して，実感として，学ぶことができる。
　ゲームが終わったら，教師が振り返りを促すようにする。細かいことだが，振り返りがあるかどうかで，ゲームの効果が違ってくるので注意したい。
　ゲームの後で，次のように尋ねる。
「協力していた班は，高い建物ができていました。では，協力するってどういうことでしょうか？」
　子どもの考えを聞いた後で，教師の考えを伝える。
「班の中には，アイデアを出してくれた人がいませんでしたか。また，アイデアに何かを付け加えて，さらによいアイデアにしてくれた人がいませんでしたか。そういったアイデアをまとめてくれた司会者がいませんでしたか。そして，快く賛成してくれた人がいませんでしたか」
「みんなのために，1人1人が行動できること。それが，協力です。協力すれば，自分1人でやるよりも，もっとよい結果を生み出すことができます」
　ゲームと振り返りを通して，協力の大切さや意味を，子どもに教えることができるというわけである。

第3章　共に生きる姿勢を育てる　93

2 「みんなのために行動する」とは何かに気付かせるゲーム

　子ども同士が仲よくなってきて、関係がよくなってきたところでやるゲームもある。

　「集団としてずいぶんまとまってきた」と教師が感じた頃にやるゲームである。

　まず、子ども1人1人に付箋を配る。大きな剥がれにくい付箋である。

　その付箋に、ＡＢＣＤＥＦの中から1つのアルファベットを書かせる。書いた文字は誰にも見えないようにする。

　そして、隣の子の背中に付箋を貼らせる。

　「今から、同じ記号が書かれた者同士でグループをつくってもらいます。しかし、声を出してはいけません。……自分はどの記号が書かれているのか、背中に付箋があるのですから、分かりませんね。自分は記号が分かりません。しかし、同じ記号の人同士で集まってもらいます。いいですか、声を出さずに、同じグループで集まるのですよ」

　こうして、ほとんど解説をしないままに、ゲームを始める。

　最初、子どもは、戸惑った表情になっている。

　棒立ちになって、右往左往している感じである。

　しかし、だんだんとやり方をつかむ子が出てくる。

　つまり、次のようにすればよいのだ。

①自分の記号を人に教えてもらう。（助けてもらう）

②自分のことは置いておき、人に記号を教えてあげる。（人のために動く）

　こうして、だんだんと同じ記号の子が集まってくる。

　もちろん、このゲームをやるときは、差別のある状況ではできない。

　なぜなら、ひとりぼっちの子がすぐに生まれるからである。

　ゲームが終わったら、子ども達に感想を発表してもらう。

　グループになるまでに時間がかかったとか。

　自分のことが気になって人のことなど考えられなかったとか。

Aさんは，人を手助けしていてすごいと思ったとか。
　そういう意見が出るだろう。
　そして，教師が解説をする。
　「実はこのゲームは，誰かに助けてもらうか，誰かを助けるかをしないと，達成できないゲームです。自分のことばかり気になっている人がそろった学級では達成不可能のゲームです。達成したとしても，ものすごく時間がかかるゲームです」
　そして，人のために動いていたことをほめていくようにする。
　「今みんなを見ていると，人を助けている人がいました。あっちだよと教えている人もいました。無言で励ましている人もいました。人のために動ける人は立派だと思いました。協力できる人になるには，みんなのために動く姿勢が大切なのです。よい集団というのは，自分のことよりも人のことを考えてあげる人が多いものです。Aさんのような人のことを手助けしてくれる人がいると嬉しいですね。自分のことより相手のことを考えてあげる人が増えてくると，よい学級になっていきます」
　子ども達も，実感を伴って，教師の話を理解できるはずである。
　差別がなくなったと思っても，一見学級集団がうまくいっているように見えたとしても，相手のことを考える子が少なければこのゲームは達成できない。教師の反省材料にもなる。
　こういった，協力が必要なゲームを，隙間時間に行うようにしていた。
　楽しいゲームの後で，ちょっとだけ協力の意味を説明するようにしていた。日々のこういった取り組みが，回数を重ねるごとに少しずつ効果を発揮してくるはずである。

第3章 共に生きる姿勢を育てる

9 協調の大切さを教える

1 協調の姿勢とは

　共に生きる姿勢を養うには,「協調」の姿勢も育てておく必要がある。
　子ども達はそれぞれ個性をもっている。
　当然ながら,考え方も違うし,望んでいるものも異なる。
　集団の中では,利害関係が対立することもあるだろう。
　例えば,お楽しみ会。
　ある子は外で遊びたくないと思っているし,ある子は外でドッジボールをしたいと思っている。
　このように,それぞれの思いが異なることはよくあることだ。
　意見の対立する中で,何か1つの方向性を決めなくてはならないとき。
　自分のことだけでなく,相手のことも考えなくてはならない。
　みんなの利益も考えなくてはならない。
　そして,話し合いを経て,やることが決まったならば,その案を成功させるために力を合わせることができなくてはならない。
　このような協調の姿勢を育てるには,協調の必要な場面において,子どもに判断させながら,みんなの利益のために行動する体験を積ませることが大切になる。

2 みんなの利益を考えさせる話し合い活動

　小学校でも中学校でも,学年が上がるにつれて,「学校全体を見て動く」よう指導される。

そのため，例えば全校のことを話し合う児童会活動で，協調の大切さを教えていくことができる。
　ある年の高学年の学級で，こんな話し合いをしたことがあった。
　当時，学校中でサッカーが流行していた。
　休み時間になると，子ども達の多くが，サッカーをしに運動場に出て行った。
　そんなとき，サッカーをしない子ども達から，「ボールがぶつかって危ない」という声が児童会に挙げられた。
　そして，学級の代表が集まる児童会で，その議題が話し合われることとなった。
　当時受けもっていた学級は５年生。学級での意見を集約して，代表がその児童会で発言をするのである。
　実は，前年度までに時折，サッカーボールが危険だという意見はちらほらと低学年から出されていた。低学年だけはサッカーができず，３年生から上の学年はサッカーをしてもよいことになっていたのである。
　しかし，サッカーが楽しいので，「危なくないように蹴る」とか，「できるだけコート内でサッカーをする」などという消極的な案が出て，根本的な解決はなされていなかった。
　当時受けもっていた子ども達は，やんちゃぞろい。しかも，サッカークラブへの入部数は，学校で一番多い学年であった。
　実は，この学年は深刻な学級崩壊を経験しており，それぞれの子が自分勝手に動くことが常習化していた。
　そんなときに，サッカーボールが危険だということを話し合ったのである。
　「話し合いをしたとしても，例年通り消極的な意見が出て終わる」
　５年生に対しては，教員は誰もがそう感じていた。
　ところが，私が受けもった年に，この学年は生まれ変わろうとしていた。
　話し合いは，自分の利益と，みんなの利益とのせめぎ合いになったのである。１時間かけても話し合いは終わらず，数時間にも及ぶことになった。

第３章　共に生きる姿勢を育てる　97

「危なくないように優しく蹴る」といった例年通りの消極的な意見から，「サッカーがしたいので，変えなくていい」といった自己中心的な意見まで，様々なものが出された。
　ところが，学年でも名うてのやんちゃな子が，話し合いの途中で，「やはりサッカーを見直す時期にきている。禁止も考えた方がよい」といった趣旨の発言をした。しかもこの子は何よりサッカーを楽しみにしていた子だった。
　サッカークラブに所属している子も，サッカーをしたい子ばかりだったが，学校全体のことを考えると，少し案を練った方がよいという話になったのだ。
　数時間の議論の末，結局「サッカーをしない日をつくる」，「ボールを１つに絞ってみんなでサッカーをする」，「サッカーコートの使用日を決める」といった今までとは根本的に違う，「サッカーの機会を減らす案」が出されることになった。
　このとき，子ども達は，「サッカーがしたい気持ち」と「学校全体のことを考えなくてはならない」の気持ちのせめぎ合いを体験した。
　そして，低学年のために，自分達が我慢する方向での案を出したのである。この案は，運営委員会でも可決され，サッカーの機会は減ることになった。
　しかし，低学年からは感謝された。サッカーをしない日は，運動場を広く使えるようになったし，ボールが遊んでいるところへ飛んでくることもなくなったからである。
　高学年の子ども達にとっても，よい経験になった。サッカーができなくなるのは残念だったが，まわりから感謝され，みんなのために行動することの気持ちよさを知ったからである。
　経験をさせると，協調の姿勢は育ってくる。時折，みんなの利益を考えるための話し合いを行うことが効果的である。

第4章

目標をもって努力を続ける姿勢を育てる

第4章 目標をもって努力を続ける姿勢を育てる

1 成功体験を保障する

1 前向きな気持ちを引き起こす

　荒れた学年や学級を担任すると，子どもの自己肯定感が低くなっていることに驚く。

　何か新しいことをしようとすると，「できない」，「無理」などの言葉がつぶやかれる。

　自信がないから，自分から進んで行動できない。

　挑戦なんてとんでもない話といった感じである。

　特に，教師から問題児と言われてきた子や，発達障がいの子は，自分に対してよいイメージをもっていない。

　生活アンケートでも，「自分にはよいところがあると思うか」といった質問に対し，「当てはまらない」と回答する子がゴロゴロいる。

　授業が始まると，机に突っ伏して「やりたくない！」と叫ぶ子もいる。

　子どもに尋ねると，「前年度に失敗ばかりだった」とか，「やってもどうせうまくいかないから」などという言葉が返ってくる。

　こういった状態では，「目標をもって努力を続ける姿勢」は育たない。

　まずは，この子ども達の気持ちを前向きなものに変えなくてはならない。

　では，気持ちを前向きにするにはどうすればよいのだろうか。

　それには，成功体験を味わわせるのが効果的である。成功体験を蓄積させるからこそ，子ども達に自信を取り戻させることができる。

　そして，「自分なら何とかなりそうだ」とか，「少々うまくいかなくても，努力を続けよう」といった前向きな気持ちを引き出すことができる。

2 教師が認める場を設定することで成功体験へとつなげる

　ポイントは，4月の学級びらき1週間で，どれだけの成功体験を保障できるか，である。
　しかしながら，子どもの自己肯定感が低くなっていると，そもそも活動に取り組もうとしないことも少なくない。苦手なことには，最初からやろうとしないのである。
　では，どうやったら，成功体験を保障できるだろうか。

> 教えたのち，できたかどうかを確認し，肯定的に評価する。

　このような教え方だと，無理なく子ども達は活動に取り組むことができるはずである。
　つまり，まずは教師がやり方を教える。手本をやってみせ，ポイントを解説する。
　次に，子どもにやらせてみせる。
　できていなければ，助言する。
　そして最後に，認めたり，ほめたりと，肯定的な評価をしていく。
　全員ができるようになり，しかも肯定的な評価をされることで，成功体験になる。活動後には，達成感や充実感を子ども達は得ているはずである。
　例えば，初日の連絡帳を書かせる際。
　まず，「丁寧に書こうね」とゴールを示す。
　次に「丁寧に書く」とは一体どういうことなのかを教える。
　①字をまっすぐ書く。（斜めに書かない。）
　②字を同じ大きさにする。
　そして，見本を見せる。実際に板書をして，丁寧な字を見せる。
　子どもはそれを真似して写してくる。
　もって来させて，1人ずつ見ていく。そして，全員をほめていく。
　「同じぐらいの大きさで書けたね」，「ゆっくり書いているのがいいね」，

「真剣さが伝わってくる字だね」

　たったこれだけのことで，子どもは今年は少し頑張れそうかな，と思う。

　まずは，このちょっとした前向きさを引き出すことが，出発点となる。

　ひょっとしたら，連絡帳を何か月かぶりに書いたという子がいるかもしれない。字を書くのを頑なに拒否していた子は，今年こそ頑張ろうと，連絡帳を書いて持ってくる。書いただけで，その子にとっては大変な努力かもしれない。努力を認め，しっかりとほめてやりたい。

3　肯定的な評価の連続で自己肯定感を高める

　ある年，3つの発達障がいを重複してもつ子を担任したことがある。

　前年度，ノートをとるのを頑なに拒否し，授業の脱走を繰り返していた。

　ところが，1か月後には，1時間で理科のノートを6ページ書いたり，あれだけ嫌いだった社会科でノートを4ページを書いたりと，勉強を頑張るようになった。

　友達とも仲よく過ごせるようになった。集会などにも進んで参加して，前向きに頑張ることができている。

　たった1か月で，まわりの教師や，保護者からも，「前向きな明るい子に変わったね」と言われるようになった。

　そして，毎日，私にほめられるようになった。

　このようなことが起きたのも，最初に連絡帳を書いたことでほめ，ノートを少し書いただけでほめ，挨拶しただけでほめ……，ということを繰り返した結果である。

　小さな成功体験をこれでもかと用意し，次々と認め，ほめて，励ましていった結果である。教師が前向きな言葉をかけることで，子どもは成功体験を味わうことができる。

　成功体験を1日の中で何度も何度も積み重ねていくと，不思議なことが起きる。

荒れていて目がつり上がっていた子どもの表情が，柔らかくなるのである。子どもらしい幼い顔つきになる。ピリピリして，いつも緊張状態だった表情が，穏やかな顔つきに戻るのである。その様子を見た，他の学級担任が，「先生のクラスはかわいい子が多いですね」と言うこともしばしばである。

4 教師の言葉かけ次第で子どもは変わる

反対に，教師が「嫌味」を言うと，子どもの自己肯定感は低くなるので注意が必要である。

荒れた高学年をもった年，「今年は出張に行かないで」と管理職から言われたことがある。

私が出張中に，トラブルを起こした子がいたためである。校長室で子どもが怒られたのだという。

出張から帰って，当事者の子どもに話を聞いた。原因は，補強に入った複数の教師が「嫌味」を言ったこと。

「今日は大前先生がいないんだけど，みんなだけで頑張れるか心配です」
「だめなことがあると，大前先生に後で言っておくからね」

朝から，こういったマイナスの言葉を何度も言われ続けたらしい。

血の気の多い子ども達である。最初は我慢していたようだ。1日の半分が終わった時点では，不満そうなそぶりは見えなかったという。

だが，放課後近くになり，ある子が，次の一言で，とうとう我慢の限界を超えてしまった。「こんなダラダラした態度だから，勉強ができないのよ」

これを言われて，「何だと！」と反抗してしまったのだ。その子はしばらく不安定な精神状態で過ごすことになった。去年のような目がつり上がった状態にしばらく戻ってしまったのだ。嫌味は，せっかく培った子どもの自己肯定感を下げてしまう。注意が必要である。

第4章　目標をもって努力を続ける姿勢を育てる

第4章　目標をもって努力を続ける姿勢を育てる

2　やればできる事実を創る

1　成長の事実が子どもの心を動かす

　ある年受けもった3年生で，水泳のまったくできない子が3名いた。
　そのうちの2人は，顔を水につけることすら嫌がっていた。
　3年生からは，小プールではなく，大プールでの指導が始まる。
　3人とも，「大プールなんてとんでもない」，「嫌だ」と訴えた。
　水泳が始まる前に，目標を書かせた。
「できるだけ高い目標を書いてごらんなさい」
　3人は，「せめて5mは泳ぎたい」，「3m浮いて進みたい」といった目標を書いた。
　さて，水泳の初日である。水泳の苦手な3名のうち，1名は，水泳を欠席した。「水着を忘れた」と小さな声で理由を言った。
　残りの2人も，「寒い」とか，「怖い」と言って，まともにプールに入ろうとしなかった。
　2回目からも，この3名はおそるおそるプールに入り，練習のときはいつも足のつく深さのところを，歩いていた。
　初日に休んだ子は，その後も「水着を忘れた」と言っては，水泳を休んだ。
　ところが，しばらくして，この3名のうち1名が，25mを泳げるようになった。もちろん，「補助具を使わずに」である。
　この子は，顔を水につけられない子の1人であった。
　スイスイと泳いでいるその1人を見て，他の2人は思った。
「やればできるのかも……」
　こうして，水泳を休みがちだった子が，水泳に参加するようになった。

水着を学校に持ってくるようになったのである。

次に泳げたのは，発達障がいをもっており，協調運動の苦手な子だった。

この子は言われたことは一生懸命しようとする子で，怖いながらも，休まず練習に参加した。そのため，25m をスイスイと泳げるようになった。

補助具なしで，スイスイ泳ぐその姿は，まるで別人のようであった。

それを見た残りの１人，休みがちだったこの子は，「練習をすればできるようになる」，そう信じたらしかった。

練習をまったく休まないようになった。毎回の練習をしっかりと行うようになった。

そして，７月の終わりに，この休みがちだった子も，ついに25m を達成した。初めての大プールで，25m を泳げるようになったのである。

３人とも，「頑張ればできる」ということが分かった，と感想を述べた。

保護者は，「信じられない」といった感想を述べた。プールをわざわざ見学に来られた保護者もいた。

この３人の様子を見ていた他の子も，衝撃を受けた。

「やればできるようになる。しかし，忘れ物をしたり，努力を継続しないとできるようにはならない」このような感想を述べた。

「成長した」という事実は，重い。事実は雄弁である。

25m を達成した本人だけでなく，まわりの子もまた，やればできるようになるのだ，という思いをもつようになったのである。

2 子どもが勝手につくった限界を超えさせ，高い自己イメージをもたせる

ここから分かるのは，成長の事実を生み出すことで，子どもの内から「目標をもち，努力を続ける姿勢」が育ってくることである。

例えば，歌の指導は，子どもの成長の事実をつくるのにもってこいの場である。

歌の指導には，いくつかの段階がある。

まずは,「真剣に歌う姿勢」をもたせる段階である。
　「歌を真剣に歌える学級って,かっこいいよね」と教師が子どもに伝える。そして,一生懸命歌っている子をほめていくようにする。
　歌を真剣に歌えるようになったら,今度は「声質」にこだわる段階へ入る。つまり,高いきれいな声で歌えるようにしていくのである。
　高いきれいな声で歌わせる方法はいくつもある。
　例えば,教師がお手本を示し,高いきれいな声の出し方のコツを説明する。
　そして,高いきれいな声を,子どもに真似させる。
　真似をさせた直後に,その声で歌わせる。すると,子どもは自分で驚くほどの高いきれいな声で歌うことができる。
　初めて歌った子ども達は,少し照れ笑いになる。「合唱団みたいな声で,いつもと違うなあ」とか,「何かすごく高くて別人みたい」などの反応が出る。
　もちろん,即座にできる子もいれば,なかなかできない子もいる。30人の学級なら,5人ぐらいは,なかなかできるようにならない。そこで,全体指導でできなかった子には,個別指導をする。ここでは,声量は問題とせず,声質がきれいになるよう指導する。
　そして,最終段階は,声量を求めていく。
　この声量の指導が,私は大好きである。
　ここまでは,声質を中心に教えていた。声の量は,問題としていなかった。
　しかし,最終段階では,声の量を問題とする。
　今までは,声質がよかった子は,ほめられているだけだった。
　しかし,この最終段階では,声量の出ていない子を不合格にする。まだレベルアップできるのだと教えるためである。
　5人のグループをつくり,歌わせる。この5名のうち,1名は声量のある子,1名はあまり出ない子をミックスさせておく。
　最初の20秒ぐらいを歌わせて,合否を判定する。
　「先生1人の声と同じぐらい出たら合格だよ。5人もいればできるから!」

と言って,始める。

ところが,30人だと,声が出せるのに,5人だと少し躊躇して,声が出なくなる。当然不合格とする。

何度も何度も,グループで挑戦するが,不合格になる。

5人もいるのに,私1人の高いきれいな声に勝てないのである。

グループの中には,声質を忘れて,元気な声で歌って教師の声量に勝とうとする子もいる。当然ながら不合格になる。声質も声量も両方求めていく。

廊下で練習を始めるグループ,空き教室に駆け込んで練習するグループが出てくる。子ども達も真剣になってくる。

こうして,1つのグループが合格する。みんなが驚く。その5人は,全員が限界まで出そうと頑張ったのだ。

「5人全員が頑張らないと合格しない」そう悟った子ども達は,躊躇なく声を出そうとする。そうして,1つ,また1つと,合格する班が出てくる。合格を言われた班は,飛び上がって喜ぶ。

そして,多くの班が合格したところで,言う。

「いよいよ,この日が来ました……。今のみんなならできるかもしれません。みんなが目指しているのは,体育館をみんなの歌声でいっぱいにする,です。でも,いきなりはできません。

そこで,その前段階があります。それは,教室をみんなの歌声でいっぱいにするのです。教室を,高いきれいな声でいっぱいにするのは,今まであまりできていませんでした。でも今のみんななら,きっとできると思います」

そして30人全員で歌わせる。

すると,教室いっぱいに声が響き渡る。

それを聞いた子ども達は,歌いながら思う。

「ああ,ぼく達って,実はこんなに声が出たのだ」と。

ここで意識が改革されるのである。

まだまだ,自分達の歌声は甘かった。

頑張れば,ここまでできるのだ,とわかるのである。

第4章 目標をもって努力を続ける姿勢を育てる

この変革は，子どもにとっては劇的であり，途中で顔を紅潮して泣きそうになる子も出てくるほどである。荒れた子ども達ほど，心の変化が激しく訪れる。1度この指導の様子を見ていた教師が歌声を聞いて泣いてしまったほどである。あの荒れた子ども達が，ここまで頑張れるのかと。
　こうして，声質も声量も両方を満たしている歌声が，スタンダードになる。
　これだけできるんだ，できて当たり前だ，という「高い自己イメージ」をもたせることができたからである。
　「高い自己イメージ」がいったんできあがると，それを当たり前と思って，子どもは自然と頑張るようになる。
　つまり，「やればできる事実」を生み出すことで，子どもの中の「自己イメージ」が高くなる。「自己イメージ」が高くなると「これぐらいはできて当たり前」とか，「もう少し高い目標に挑戦してみよう」，「少々失敗しても，続けていれば，いつかはできるだろう」といった前向きな気持ちが自然とわいてくる。そして，「目標をもち，努力を続ける姿勢」が出てくるようになるのである。
　子ども達は，自分自身に，「これぐらいが，限界だろう」というイメージを抱いていることが多い。
　「やればできる事実」を生み出すことで，この限界のイメージを壊すようにすればよい。そうすれば，きっと，子どもの「自己イメージ」が高いものに変わるのである。そして，自動的に，子どもが向上に向けて努力をするようになる。
　ただし，こういった「やればできる事実」を創るには，教師に「教える力」がなければならない。教育技術を身につける努力をし，子どもの成長の事実を授業で生み出していくことが大切になる。

第4章 目標をもって努力を続ける姿勢を育てる

3 「正しい教え方」＋「あなたはできる」で子どもは変わる

1 指導の「連続性」と「多様性」

　漢字を覚えるのが苦手な子が，教室に2，3人はいるものである。
　例えば，10問テストを予告する。
　予告した通り，そのまま10問テストを実施する。
　ところが，10点ぐらいしかとれない。
　1回目のテストも，2回目のテストも，10点，20点が続く。
　指導を繰り返しても，テストの点はほとんど変わらない。
　このような子どもである。
　漢字が覚えられないのには，様々な理由があるだろう。
　教師の中には，「漢字ができない子は，できないのだ」と決めつけて，指導をあきらめてしまう人もいる。
　確かに，漢字が覚えられない子は，いる。
　本人も，「漢字が覚えられないんだ」などと認めている。
　しかし，教師がさじを投げていては，その子は漢字が覚えられないまま1年が終わってしまう。
　できない子をできるようにするには，指導を途中であきらめるのではなく，指導を続けることが大切になる。
　しかも，1つの方法だけでなく，よいと思える教え方を様々試してみることが必要になる。

2 漢字ができない子？

ある年，漢字を覚えるのが苦手な子を2名担任した。
「漢字がまったく覚えられない」「学年で最も漢字の習得が厳しい」
そのように引き継いだ。
しかし，1人は，たった1か月で，高得点をとるようになった。
テストのたびに，「俺は漢字が覚えられたんだな〜」とつぶやき，自分で驚いていた。
もう1人は時間がかかった。
10問テストで，10点，20点が続いた。
しかし，半年が経ち，やっと100点中80点ぐらいがとれるようになった。そうなると，後は簡単だった。
きちんと練習さえしておけば，簡単に高得点をとれるようになった。
本人に聞いてみた。「漢字どう？　苦手？」
すると，答えた。「いや，そうでもなくなった。もう覚えられる」
この子達は，字を書くのも嫌がっていた子である。字を丁寧に書いても，ミミズがはったような字になる。中学年で，ひらがなですら書けないこともあったほどだ。
前年までの担任は，まったくさじを投げていた。
しかし，あきらめないで指導を続けていると，「実は，漢字を覚えることができた」という場合もある。

3 子どもができるようになるための最低条件

では，具体的にどう指導したら，できるようになるのだろうか。
まずは，最低限の条件として，「教師が，漢字の教え方を知っている」ことが必要である。
書き順を覚えさせる。空書きで確認する。丁寧にお手本を写させる。それ

らの1つ1つができているかどうかをチェックする……。

そして，テストの予告をし，テストの練習をさせる。

これらを，きちんと授業の中で行っていくことが必要である。

さて，このような「普通の」漢字指導を行えば，8割ぐらいの子は漢字ができるようになる。

問題は残った2割の子である。そして，その中でも学年で1，2を争うような「漢字がどうしても覚えられない」子の場合，どう指導するか，である。

漢字が覚えられないと一口にいっても，原因は様々である。

ひょっとしたら，練習量が足りないだけかもしれない。

その場合は，朝の10分学習の時間に，漢字テストの練習をさせるなど，練習量を確保するとよい。

もちろん，漢字の練習は授業中にも行う。しかし，漢字の苦手な子は，他の子より動作が遅れて，練習量が少ない場合もあるのだ。

他にも，原因として，「丁寧に練習をしていない」のかもしれない。

多いのは，「書き順を覚えるときに，適当にやっている」ことである。

そういった，細かなところが，きちんとできているのかを見る必要がある。

このように，どうしても漢字ができない2割の子には，何らかの漢字が覚えられない原因がある。その原因を見つけて，つぶしていけばよい。

4 「できる」という意識改革を行う

このように，「指導法の工夫」を教師が行ったとする。

次に，何をしなくてはならないのだろうか。

それは，子どもに「できる」というイメージをもたせることである。

これには，水泳のときと同じで，様々な手立てが必要になる。

「やればできる事実」をつくる必要もある。

さらには，「自己のイメージ」が変わるまで，教師が励まし続けることも必要になる。

特に，今までの失敗が蓄積されて，自信を失っている場合は，教師の励ましは，重要な意味をもつ。
　実際に私が言った言葉を簡単に紹介する。
「絶対に漢字を覚えられる。練習すれば，きっと覚えられる」
「授業で漢字を練習しているときに，適当にやってはダメだ。漢字は嘘をつかない。適当にやった分だけテストの点に出てくる」
「10点ずつでも進もう。進み続ければ，絶対にいつかは高い得点になる」
「50点もとれたら，漢字が得意になったということ。自信をもっていい」
「１年で覚える漢字は200文字ある。１日１個覚えればいい」
　努力が見えるようにしていくのも，大切なことだ。自分が頑張った分だけ，前進していることを，「子どもに見える」ようにしていくのである。
　例えば，３文字熟語のうち，１文字だけは書けたといった場合がある。また，漢字の一部分だけは書ける場合もある。
　これを０点にしてしまうとやる気がなくなってしまう。
　少しは書けているのだから，部分点を与えればよいのである。
　このような「努力して覚えた分だけ点数がきちんと上がる」という方式で採点をしていくのも１つの方法である。
　他にも，何文字正解したのかが分かるように採点したり，難しい漢字を覚えられたら，それは花丸にするなどの工夫もあるだろう。努力の成果が見えるようにして，自信をもたせていくのである。
　10点が20点になり，やがて30点になる。その中で，励まし続けていると，自己肯定感が少しずつ高まってくる。
　自己肯定感が高まり，「自分は本当はできるのかも」と意識改革が子どもの内になされたら，本当に漢字ができるようになっていく。
　ただし，自信を失っている子に自信を取り戻させるには，教師の執念が必要になる。教師自身が，「その子ができる」と信じることが必要になる。
　正しい指導法の上に，励まして自己肯定感を高めることが大切である。

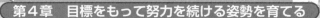

第4章 目標をもって努力を続ける姿勢を育てる

4 少々の失敗ではへこたれない気持ちを育てる

1 小さなハードルを越えさせる

　自己肯定感が低い子は，今までに失敗体験を重ねてきている。
　そして，成功体験が極端に少ない。
　成功体験が少ない子に，いきなり難しい役割や活躍の場を与えても，尻込みしてしまう。
　はじめから「やらない」と言うことだってあるだろう。
　たとえ「やる」と言っても，当日になると逃げ出した，といったことも少なくない。
　自己肯定感が低くなると，「逃げる」，「隠れる」，「ごまかす」といった行動が見られるようになる。この3つのマイナス行動が，習慣化してしまっている子もいる。
　そこで最初は，ほんのちょっと頑張ればできることに挑戦させたい。
　例えば，何らかのスポーツ大会で活躍させたい場合。
　「陸上競技大会に出るかどうかはわからないけど，とりあえず1回だけ，練習に参加してみたら」などのように，参加だけを勧めてみる。
　そして，参加できただけで，ほめればよい。ほめられることで，小さな成功体験になるからである。
　以前，陸上競技大会で，多くの子が表彰台に登った年があった。
　これも，最初のきっかけは，実は，「1回目の練習に参加しただけでほめたこと」であったのだ。

2 失敗体験をした場合の対応

何かに挑戦するよう子どもに促したとして,もし失敗してしまったら,どう対応すればよいのだろうか。

実は,子どもが失敗することを,教師が恐れることはない。

失敗をしたとしても,肯定的な言葉かけを行い,勇気づけることで,自己肯定感が下がることを防げるからである。

例えば,陸上競技の練習を頑張ってきたのに,本番で失敗して記録なしに終わった場合。

「練習を続けてきたこと自体が立派だよ。そして,大きな舞台でも尻込みせずに,よく頑張った。よい経験になったよ。今日はたまたま記録なしに終わった。陸上ではよくあること。記録なしでも,今までに努力したことは消えない。Aさんの成長は消えない。記録がどんどん伸びていったのは事実。絶対に力になっている。よく頑張った」

このように,どんなことでもほめる要素はあるし,どんな形でも励ますことができる。

ほめられ,励まされると,「大切にされているな」と思うし,「失敗をしても,先生は自分を認めてくれる」と感じることができる。

そして,「失敗しても,別にいいや。だって自分は努力したこと自体で成功していたんだから」と思えるようになる。

こうなると,失敗体験が失敗体験ではなくなる。実は成功体験だったのだ,と感じられるようになる。

起きた事実は変えられないが,その事実を肯定的にとらえて,子どもに話すことで,失敗体験が,成功体験に変わる。要は,教師の対応次第である。

3 へこたれない気持ちの育て方

「成功しても失敗しても,どちらでも,子どもにとって成功体験となる」

このような状況を，教師が意図的につくりあげることが大切である。
　すると，「成功しようが，失敗しようが，何かに挑戦すること自体に価値がある」ことを子どもが理解し始める。
　やがて，子どもは，失敗を恐れなくなる。
　実は，我々も，幼児期に同じような体験をしているはずである。
　よちよちと歩き始めた頃。
　まだ歩き慣れていないので，転んで泣いてしまう。
　そのとき，まわりの大人が「よしよし。大丈夫だよ。頑張って３歩は歩いたね」などと励ましてくれたのである。
　だから，「立って歩こうとしたけど，転んでしまった」いう失敗をしても，そばで寄り添ってくれる人がいると，また次も歩いてみようと思えたはずである。
　失敗体験をしても，それに教師が寄り添ってやればよい。
　そうして，「うまくいかなかったけど，頑張れたこともある」，「うまくいかなかった経験をしたからこそ，次はきっとうまくいく」と励まし続けるのである。
　子どもの中には，「100点」か「０点か」といった考え方をする子もいる。「成功」か「失敗」かの，白黒で考えてしまうのである。
　そうではなくて，「ここまではうまくいった」とか，「１つ成功に近づいてよかった」といったように声かけをしていきたい。
　つまり，以前よりも前進していることに気付かせるのである。
　そうすれば，「少々うまくいかないことがあっても，次にまた頑張ればよい」という「へこたれない気持ち」が育ってくる。
　そして，「失敗しても自分なら大丈夫だ」とか，「自分の力を信じよう」といった自己肯定感が自然と高まっていく。
　こうなってからは，努力を要する場や，挑戦する場を用意していけばよい。少し高い目標，困難な目標に挑戦させればよい。
　きっと子ども達は，尻込みせずに挑戦していくだろう。

第４章　目標をもって努力を続ける姿勢を育てる　115

4　挽回の姿勢が大切なことを語る

　他にも，失敗の後の「挽回」ができたら，しっかりとほめてやりたい。
　子どもが何かに失敗をしたとき。
　私は，よく子どもに次の話をしていた。
「失敗することはあります。挑戦する人ほど，失敗の数も多くなるからです。エジソンだって，ライト兄弟だって，失敗の連続から，優れた発明をしていったのです。失敗をしても，大した問題ではありません。
　問題は，失敗の後，止めてしまうのか，次に向けて挽回をするのか，です。失敗は人間の価値を決めません。失敗の後の行動で，人間の価値は決まります。みんなには，失敗の後，歩みを止めない人になってほしいのです」
　私の学級では，「挽回」こそが，最も高い評価を受ける行動であった。
　挽回しようとしただけで認め，ほめるようにしていた。
　だからこそ，「失敗しても，挽回すればよい」というへこたれない気持ちが子どもの中に生まれてきたのである。

第4章 目標をもって努力を続ける姿勢を育てる

5 頑張りを見落とさずに肯定的な言葉をかけ続ける

1 肯定的な言葉かけの大切さ

「必要とされている」とか,「大切にされている」という実感があると,子どもは前向きな気持ちになっていく。

この実感をもたせるには,子どもの小さな努力に対し,肯定的な言葉かけを続けることが大切になる。

6年生を担任することになった年のことである。

私の学級に,自暴自棄になっている子がいた。

その子は,学校に不信感をもっていた。自分ができないのも,嫌な思いをしているのも,学校や教師のせいだと思っていた。

当然ながら,学級への所属感は皆無であった。

学級びらきの初日。私は,その子にある役割を与えた。

それは,学校の旗を下げて,旗を職員室に持って行く仕事である。

この仕事は,毎年,6年生がやっていたのだ。

「いいよ」とうなずいたその子は,下校が遅れるにもかかわらず,その仕事をやってくれた。

それを,初日に思い切りほめた。

「ありがとう。また今度も機会があったら頼むね」

誰だって,力強くお礼を言われると,よい気持ちになる。「やってよかったな」と感じる。

次の日も,また次の日も,旗を降ろしては,職員室へ持って行ってくれた。

そのたび,「やってくれてありがとう」,「助かったよ。いつもありがとう」と,心からほめ続けた。

小さな出来事だが，初日からほめられ続けたその子は，だんだんと，前向きな気持ちが出てきた。
　昨年は学校での役割をしなかったのに，今年は旗の仕事を続けたのだった。
　「自分はこの学級で大切にされており，必要とされている」と感じたからである。

2　教師の基準でなく，子どもの基準でほめる

　注意したいのは，子どもの「小さな努力」を見逃してしまうことである。
　その子にとって，一生懸命頑張っているのなら，ほめてやりたい。
　例えば，字が崩れる子がいる。
　丁寧に書こうとしても，ノートは，毎回ぐちゃぐちゃになる。
　発達障がいの子の中には，微細運動障がいをもつ子もいる。つまり，指先が不器用なのである。だから，どうしても字が曲がってしまう。
　しかし，「頑張る姿勢」が少しでも見られたのならば，努力を認め，ほめ続けてやりたい。
　この「少しの努力」は，実に見えにくいものである。
　さらっとノートを点検していては，気付くことができない。
　なぜなら，指先の不器用な子は，毎回，字が崩れてしまっているからである。
　ノートをさらっと見ただけでは，「字が下手」ということしか見えない。
　しかし，子どもの姿をよく観察していると，一生懸命書く姿勢が見られることがある。ノートを見て，いつもよりほんのちょっと丁寧に書けているということがある。
　こういった，ちょっとした変化をとらえることができるのは，教師しかいない。ほんのちょっとの頑張りを見つけ出し，それを認め，ほめてやりたい。

3 意識的に子どもの頑張りや変容を見取るようにする

若い教師でありがちなのが，次のことである。

> 学級で目立たない子が，見落とされている。

やんちゃな子や，できない子の支援に目が向きがちになってしまう。

そのため，学級の大人しい子，目立たない子の頑張りを見落としてしまいがちになる。

この目立たない子は，実は，学級の縁の下の力持ちの役割を果たしていることが多い。

例えば，休んだ子の代わりに係の仕事をしてくれたとか，忘れ物をした友達に筆記用具を貸してあげたとか，いろいろなところで貢献をしてくれている。

目立たない子の頑張りは，教師がよほど意識していないと，気付くことができない。

子どもの頑張りを見落とさない方法として，よい方法がある。

それは，学級日誌や名簿に「子どもの頑張ったところ，変容したところ」をメモしていくのである。

すると，ある子ばかりに記録が集中してしまうことがよくある。

ある一部の子の頑張ったことや変容はよく見えている。ところが，ある一部の子は見えていなかったのである。

もし，見えていなかった子がいたら，次の日に重点的に観察するようにしたい。

4 個別の声かけを忘れない

特別な仕事をやってくれた子には，その仕事の後に肯定的な声かけをするのを忘れないようにしたい。

例えば，宿泊研修に行ったとする。
学校に帰ってきたときに，班長や室長をしてくれた子をほめていく。
少々，役割を失敗していたっていい。とにかくほめるようにする。
「○さん。頑張ってくれてありがとう」と，名前を呼んでほめていく。
意識していないと，個別の声かけを忘れることがある。
全体に向けてほめて，それで終わってしまうのである。
全体でもほめればよいが，さらにその後で，個別に名前を呼んでほめてやりたい。

5 教師以外の目線からの評価も伝える

また，教師からほめるだけでなく，他の人がほめていたことを紹介してもよい。

例えば，学校祭りなどの行事があったとする。低学年の日記や感想カードに，自分の学級の子どものことが出てくることがある。そういった情報をつかんだらチャンスである。コピーして，子ども達に紹介するとよい。

「ボーリングのお店がとっても楽しかったです。ぼく達も来年ボーリングがしたくなりました」

「ビー玉迷路で10分も過ごしてしまいました。楽しかったです。みなさんありがとうございました」

店を出すのに頑張った子が，その分，認められることになる。達成感を味わうことができる。

教師の目だけでは，子どもの頑張りを見落としているかもしれない。
他の人の目から見た子どもの頑張りも，伝えていくことが大切になる。
頑張ったことに対し，肯定的な言葉かけをされるから，子ども達のやる気，意欲，そして自信が生まれてくる。

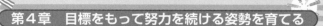

第4章　目標をもって努力を続ける姿勢を育てる

 大きな目標に挑戦させよう

1　目標を紙に書かせる

　目標をもって努力する姿勢を育てるには，適宜，子どもに目標を意識させる機会をもたせるとよい。
　例えば，学期の始まりに，目標を書かせるのもよいだろう。
　また，行事や学習の前に目標を考えさせるのもよいだろう。
　ただし，最初の段階では，子ども達は，「小さな」目標を設定することが多い。
　「自分はこれぐらいがちょうどいい」と，自分で自分の限界を決めているためである。
　教師から「できるだけ大きな目標にしてみなさい」と，アドバイスをされても，大きな目標を描けないことが多い。
　最初はそれでも仕方ない。とにかく，子どもなりに大きな目標を描かせていく。
　大切なのは，子どもが何を頑張りたいと思っているのかを，教師がつかんでおくことである。
　子どもが目標を設定し，その目標に向かって努力する。
　そして，教師も指導力を磨く努力をして，子どもを指導する。
　子どもと教師双方の意識的な努力があると，目標を何倍も早く達成できるはずである。

2　目標を設定させるときのポイント

　個別の目標をもたせる際，ポイントがある。
　それは，学年や学級で，まずは1つの大きな目標を決めることである。
　音楽会などでは，「感動できる演奏をしよう」などとなる。
　全体の目標をはっきり決めた上で，その中で子ども1人1人の努力を要求していくと，子ども達も目標を考えやすい。
　例えば，「リズムに合わせて演奏できるようになる」といった個別の目標を立てさせる。
　大切なのは，できるだけ明確な目標にすることだ。
　それには，次のようなポイントを押さえておけばよい。

> ①目標をいつまでに達成するのかを書かせる。
> ②難しい目標は，いくつかの細かな目標に分けさせる。
> ③目標にはできるだけ数値を入れさせる。

　つまり，目標を細分化しつつ，いつまでに，何をどれだけやればよいのかを，考えさせるのである。上の3つのポイントを押さえておくと，大きな目標を立てたとしても，階段を登るように無理なくその目標に向かって歩むことができるはずである。
　次に，目標達成のための，方策を考えさせる。例えば，「今日から，特別練習を1日30分行う」などである。
　音楽会のある2学期ぐらいになると，成功体験も蓄積され，自己肯定感も高まっている。子ども達は，挑戦することに尻込みをしなくなっている。ピアノを触ったことがないといったやんちゃな子が，学級から10人も20人もオルガンの演奏に立候補する。そして，1か月後には立派に演奏できるようになる。
　歌の指導も行う。高いきれいな声で歌えるようになる。
　やんちゃでどうしようもないと言われた子が，きれいな声でハーモニーを

響かせる。その姿に，保護者は感動する。うちの子がまさか……と思う。

3 大きな目標に挑戦させる機会をつくる

　自分なりに設定した大きな目標が達成されると，自分の力を伸ばす喜びを体感することができる。自己肯定感も高まる。そして，次はもっと大きな目標を立ててみようと思えるようになる。
　子ども達は，１学期の最初はあまり大きな目標をもつことはできなかった。
　しかし，１学期に設定した目標が達成されると，２学期はもう少し大きな目標に挑戦してみようという気になってくる。
　音楽会や陸上記録会など，挑戦の場は学校には多々ある。
　子どもに自信が出てきたら，目標を大きく描くよう促したい。
　大きな目標とは，今の自分のままでは達成できない目標のことを意味する。
　今の自分のままでは達成できないからこそ，継続的な努力が必要になる。
　体育主任を歴任していたので，放課後の陸上運動の指導も毎年行ってきた。
　教えるのは，全校の児童に対して私１人といった状況のこともあった。
　やはり，目標をもたせるところから出発する。
　地域の大会で１位をとるぐらいの目標なのか，それとももっと大きな大会で１位をとるぐらいの目標なのか。
　その年々の子どものやる気によって目標は変わるが，できるだけ大きな目標をもちなさいと助言する。
　やんちゃばかり集まった年は，
「１年後に表彰台に立つ」
「１位をとる」
など今の時点では無理な目標を立てて挑戦した。
　成功体験が多くあり，自己肯定感が高まった状態なら，大きな目標を掲げることができるし，少々の挫折でくじけることはない。少々失敗しても，目標に向かっての努力を惜しまない姿勢が育っているはずである。

第４章　目標をもって努力を続ける姿勢を育てる　123

大会２か月前から，少しずつ練習を始める。
　陸上が得意な子ばかりではない。むしろ，今まで荒れていて挑戦することを恐れている子も参加する。
　最初の練習は片付けもままならない。平気で休む子も出てくる。
　だが，目標を意識させつつ，励ましていく。
　頑張っている子をしっかり認め，くじけそうな子を勇気づけていく。
　簡単な練習から始め，だんだんと難しくしていく。
　大会当日。挑戦するのを怖がり，休む子も出てくる。
　しかし，何とか入賞する子も出てくる。
　そして次の大会に向けての練習。１回目の大会で，頑張ったことが報われた友達の姿を見て，さらに多くの子が陸上大会への参加希望を出してくる。
　練習も厳しくなってくる。励まし続ける。
　目標は自分で設定したものだ。
　「未来にその目標を達成しているとすれば，今の自分はどういう姿になっていればいいのか」
　そこを子どもに考えさせる。
　当然，上位入賞が目標なら，今の自分は，学年で６番以内ぐらいにはなっておかないとまずい。
　とするなら，毎日坂道を走るなどの努力が必要になる。
　練習にも必ず参加するようになる。
　そうして１年後，さらにいろいろな大会へと参加する。
　２年間取り組んでいると，やはり力は伸びる。力及ばずして，入賞できなくても，タイムは伸びる。努力は裏切らない。
　そして，大切なのは，「目標に挑戦することで，変わったところは何だったか？」を振り返らせることである。
　自主練習を毎日やったこと。
　目標に向かって夢中になって努力をしたこと。
　友達と一緒になって，アイデアを出しながら練習したこと。

本気になって応援し，本気になって走ったこと。そして，大きな感動をしたこと。
　こういった自分の変化に気付かせることが大切である。
「こんなに頑張ったのは生まれて初めてだ」
「学校生活の中でこの陸上大会に向けた取り組みが一番の思い出になった」
などといった感想も出てくる。
「今まで生きてきてこれが一番心に残った」
と言い切った子もいる。
　このような振り返りを通して，「また，目標をもって頑張りたい」と思えるようにしてやりたい。
　そして，気付かせてやればいい。今の自分ではかないそうもない，目標を設定することで，自分の行動が変わり，成長につながったことを。目標を設定する意味は，ここにあることを。
　子どもが伸びようとする力と，教師が伸ばそうとする力が合わされば，加速度的に目標達成に近づいていく。その結果，子どもは飛躍的に成長していくことができる。

第4章 目標をもって努力を続ける姿勢を育てる

7 未来への希望を描かせよう

1 自分から進んで次の一歩を踏み出させるために

　子どもの内なるやる気を引き出すには，様々な方法がある。
　その１つが，「未来の夢を描かせる」方法である。
　未来像を描かせると，子どもの意識や行動を変えることができる。
　それは，未来を想像し，その未来に合うような，次の一歩を踏み出すことができるからである。
　１年後にどうなっておけばよいのか。卒業までに何を学ぶ必要があるのか。
　進学のことも真剣に考えなくてはならなくなる。
　例えば，獣医になる夢を，子どもがもっているとする。
　すると，「獣医になるには，今現在，何に力を入れて勉強すればよいのか」，「次の進路決定の際に，どういいった進路を選ぶ必要があるのか」などが決まってくる。
　未来像が描かれているからこそ，次の一歩が決まるわけである。
　保育士になりたい，医者になりたい，サッカー選手になりたい，会社を立ち上げたいなど，子ども達は様々な未来像を描く。
　そういう未来像を描かせた上で，現在のことや，次の一歩をどう踏み出すのかを考えさせればよい。
　「今の自分はどうあるべきなのか？」
　「近い将来，どういう進路を歩めばよいか？」
　未来の自分を想定させた上で，その未来と合致する方向へ，次に一歩を踏み出すよう促すのである。子ども達は，自分で決めた未来像に向かって，進んで望ましい一歩を踏み出すことだろう。

2　節目の年にやりたいこと

　子どもは1人1人，自分の希望ややりたいことが異なる。
　やりたいことがまだ決まっていない子もいるだろう。
　未来のことなど，あまり真剣に考えたことのない子もいるだろう。
　子どもに，未来への希望をもたせたい。
　そう考えて，「未来への夢」を描かせる取り組みを行ってきた。
　例えば，節目となる年に，自分の将来のことを考えさせる時間をとる。
　2分の1成人式を迎える4年生や，卒業を迎える6年生で行う。
　10年後や20年後に，どんな仕事に就き，どんな家に住み，どんな暮らしをしているのかを想像させる。自分が本当にしたいもの。あこがれるもの。そういう未来像を描かせていく。
　こういった自分の未来を想像する機会を設けると，子ども達は，どんな仕事があるのかや，進路のことが気になってくる。
　そこで，仕事の紹介をしている本を教室に置いておくようにする。また，資料を用意して調べさせる時間をとる。
　子ども達は，進んで調べ，自分の未来像を描く活動に真剣に取り組む。

3　未来像を描かせる際の助言

　未来像を描かせる際，いくつかのポイントを子どもに伝えておきたい。
　1つ目は，「自由に，自分がやりたいことを思い描くことが大切」ということである。ここでの「自由」とは，とらわれる必要のない「マイナスの条件」に縛られないことを意味する。
　例えば，子どもが縛られやすいものに，「過去の失敗体験」がある。
　昔，まわりから「どうせできない」と言われたとか，「失敗した」といった記憶があると，自分が望ましいと思っている夢を描けなくなってしまう。
　「過去に起きた失敗を，気にする必要はない」と，助言してやりたい。こ

うしないと，夢が小さなものに限定されるかもしれないからだ。
　また，身長が低いからスポーツ選手は無理と考えたり，算数が苦手だから，この職業は無理と考えたりする子もいる。
　しかし，今のマイナスの条件は，未来には解決していることが少なくない。
　現在がうまくいっていないからと言って，未来までうまくいかないとは限らない。今の延長として，未来像を描かせるのではなく，今のマイナスの要因は，とりあえず置いておいて，自分が本当にこうなりたいと心から思える夢を描くように助言するとよい。
　突拍子のない夢でもいい。自分が本当にしたいもの。あこがれるもの。それを描かせていく。
　もう1つは，夢を描くときに，誰かに貢献できるような，誰かに役立つような，そんな夢ならすばらしいと一言付け加えることだ。
　ちなみに，遠い未来の姿は，ぼんやりとしてでもいい。そんなにはっきりと思い描けなくていい。しかし，今どんな人であるべきか，これからどうすべきかは，はっきりと決まってくるはずである。
　例えば，科学者になりたいと言った子がいたら，理科でしっかりノートをとるとか，自分の疑問があったら家で調べようとか，そういう行動につながるはずである。
　冒険家になりたいなら，英会話の授業に一生懸命取り組むといった行動につながることもあるだろう。
　未来の姿が決まるから，今何を努力すればよいのかが決まってくる。
　こうして，子どもの行動が変わってくる。
　目標を立てたら，必ず行動を起こさなければならない。
　「成功できるかどうかはただ1つのことで決まる。それは，目標を立てた後，すぐに行動することだ」と，よく子どもに話していた。
　教師が与えた目標ではなく，自分で設定した目標に向かって努力することは，苦痛ではない。やらされ仕事ではなく，自分がやりたい仕事に変わる。
　その結果，努力を惜しまない子になっていく。

第4章 目標をもって努力を続ける姿勢を育てる

8 教師も子どもも互いに高め合うゴールを定める

1 ゴールの共有の大切さ

どんな仕事でも，何らかのプロジェクトを始める際，最初にすべきことがある。

それは，「プロジェクトのゴールを，構成員と共通理解すること」である。

このプロジェクトで，何を狙うのか。どうなったら目的が達成されたと判断するのか。そういったゴールを，全体で共通理解しておくのである。

共通理解をしておかないと，プロセスの段階で，構成員の意識がずれてくることがある。構成員が，それぞれバラバラのゴールに向かっていると，力を合わせることも難しくなる。

教室もまた，教師と子どもとが一緒になって，何かに取り組む場である。

学級経営という1年かけて行っていく営みもあれば，運動会，音楽会など，短期で行う営みも多い。

部活や放課後のスポーツ指導など，数年に及ぶものもあるだろう。

このように，何かに取り組む場では，まず最初にゴールを決めて，子ども達と共通理解しておくことが大切だ。

教師はスポーツ大会で優勝を狙っているのに，子どもはそこそこ頑張るつもり。このようにゴールへの意識がずれていては，プロセスの段階でうまくいかなくなる。

2 ゴールを決める際に，全体の意思を確認する

ゴールを定めるときにポイントがある。

それは,「子ども自身が,本当にそのゴールを達成したいと思っていること」である。

教師が,子どもに無理矢理ゴールを目指させるのではない。大切なのは,子ども自身が達成したいと心から思えるゴールを設定することである。

もちろん,教師がモチベーションを高めていくことはある。しかし,ゴールを無理強いしては,子どもの意欲は高まらない。

そこで,子どもの意思をきちんと尋ねることが必要になる。

学級目標を決める際も,子どもの意志を確認したはずである。

どんな学級なら,学校が楽しいだろうか。

どんな学級なら,みんなが安心して過ごせるだろうか。

どんな学級なら,1人1人が成長できるだろうか。

そういったことを考えさせ,自分だったらこういった学級に所属していたいというゴールを確認することが大切になる。

3 レベルの高いゴールが変革を促す

ゴールを決めるときに,もう1つポイントがある。

それは,今の子どもの現状では達成不可能なゴールの方がよいということだ。今の現状では難しいゴールの方が,子どもの成長を促すからである。

例えば,運動会の組体操で表現を行う。

このときのゴールを,「見に来た人が感動で涙を流すぐらいの演技」のように,高く設定するのである。

実は,このゴールは,深刻な学級崩壊を経験した子ども達が設定したものである。

6年生120人が,このゴールに向かって努力することを共通理解した。

今まで親や先生に迷惑をかけてきた。今まで迷惑をかけていた分,せめて「もう自分達は大丈夫だ」という狼煙をあげたい。何か1つちゃんとやり遂げたい。そういった心意気からつくられたゴールだった。

レベルの高いゴールだと，子どもは今までの自分ではダメだと思う。変革を求められる。一糸乱れぬ動きがいる。たった1人でも気が抜けていたらダメである。本気さが必要になる。

　でも，子ども達が自分でやりたいと思っている目標なのだから，少々つらいことでも耐えられる。共通のゴールに向かって努力することができる。

　そして，実はこのような難しいゴールを設定することは，教師の成長も求められるのである。子ども達にゴールを達成させようと思えば，指導力を磨く必要があるからだ。

　つまり，ゴールを決めるときのポイントは，そのゴールを達成しようとする構成員全員の成長を促すようなものがよいということである。

　子どもが自身に描く理想像と，教師が子どもに描く理想像とを合わせて，目指すべき理想像を決める。

　そして，そのゴールが，教師も子どもも成長を促すような，レベルの高いゴールだったらよいのである。

　かつて音楽会でレベルの高いゴールを子どもと共有したとき，音楽指導の力量を上げる必要に迫られたことがある。

　その年は，音楽セミナーに参加したり，本やビデオで学んだりと，力量を上げるための行動を1年を通して行った。

　子どもは子どもで，演奏の練習に，毎日明け暮れた。

　もちろん，音楽会が終わったときには，教師にとっても，子どもにとっても，大きな充実感と感動があった。

　共に描いた大きなゴールを達成したとき，教師と子どもの成長と，心からの感動を得られることだろう。

第4章 目標をもって努力を続ける姿勢を育てる

9 自分の意思で歩む姿勢を育てる

1 主体性を発揮できない子

　中学年を受けもった年。学級に，指示がないと動けない子がいた。
　この子は，学力も高いし，コミュニケーションの力もあった。
　ところが，「自分の意思で物事を決められない」という課題を抱えていた。
　友達に言われたからと，嫌々，係の仕事をしている。友達が何も言ってくれないからと，休み時間は1人ぼっちで過ごす。
　先生がやることを指示しなかったからと，グループ活動でも，ボーッと過ごしている。忘れ物をしたときなど，誰かが助けてくれるのをずっと待っているのである。要するに，いつも受け身なのである。その場の状況を自分で好転させようとせず，ただ流れに乗って過ごしているといった感じであった。
　私は，その子に主体性を育てたかった。
　そこで，その子が受け身になっているときに，「自分でやりたいことを決めてごらん」といった具合に声をかけるようにした。声をかけられても，最初は，「どうしていいかわからない」といった反応を見せていた。自分では決められないのである。
　そこで，「やりたいことは何？」といった質問をし，傾聴することを続けた。その子の考えていることを聞き取ろうとしたのだ。
　友達と話すときは，饒舌なくせに，いざ「自分がやりたいことは何？」と聞かれると，話せないこともあった。
　自分で考えるよう促しても，しばらくは，誰かに「これをしてね」などと指示されて，動くことが多かった。時々，友達から指示されたことが嫌で，泣いてしまったり，友達と喧嘩になってしまったりすることがあった。

ところが，3か月，半年と粘り強く声をかけ，その子の意思を聞くことを続けていると，だんだんと自分で意思決定ができるようになってきた。

自分なりの意思で行動する姿勢が出てくるまでに，こんなにも時間がかかることに驚いた。声をかけ続けないと，おそらく意思決定の姿勢は，育たなかったと思われる。

2 これからの教育で特に重点をおいて育てたいこと

自立のためには，どうしても「自分の意思で歩む姿勢」が必要になる。

誰かに依存して生きるのは，自立しているとは言いがたい。

誰かに依存するのではなく，自分の意思で歩む決意をする。そして，まわりの意見を取り入れ，自己反省もしながら，その上で最終決定は自分で行う。

こういった姿勢を育てておかないと，いつまでも他人や社会に依存してしまうことになりかねない。

かつての日本の教育を振り返ると，明治時代の学制とともに，プロイセンで始まった義務教育の概念を取り入れたことが分かる。このプロイセン式の義務教育の目的を一言で表現すると，「従順な労働者，国家に従順な国民を育てる」ことであった。

もちろん，これでは教育は不十分である。自分で考え，判断し，自由に行動できる力と知恵と考え方をもった「自立」した人を育てる視点が，教育には必要である。

しかしながら，何でも自由に，好き勝手に，意思決定するのとは違う。

荒れた学級で過ごした子ども達は，他人の迷惑を考えることなく，自由気ままに意思決定できることがある。しかしこれでは，自立しているとは言いがたい。規範意識や公共の精神を育てながら，主体性も発揮させていくよう導くことが必要である。

「何でも自由に決めなさい」といった教育は簡単にできる。放任主義の教育だからだ。「何でも自由に決める」といった安易な自己決定を教えるので

はなく,モラルやルール,マナーを考え,みんなのことも考えて,その上で意思決定をさせるようにする。

このような規範意識と公共の精神に基づいた,自由な意思決定を促す教育は,戦後の教育の弱い部分であった。

3 「自分の意思で歩む姿勢」を育てる

学校生活の中で,「自分の意思で歩む姿勢」を育てる機会をつくりたい。

その機会は,生活場面でもよいし,授業でも確保することができる。

例えば,「どういったエネルギーが理想的か」という課題で,調べ学習をさせる。この課題は,簡単に答えが出るものではなく,様々な情報を調べた上で,自分なりの答えを出さなくてはならないものである。

自分で情報を集め,整理し,自分で結論を出す必要に迫られる。

興味のあるエネルギーについて,チームをつくる。そして,それぞれのチームで,エネルギーの利点や問題点を調べさせていく。

新エネルギーについて調べるチームがあってもいい。

そして,利点と問題点を整理させる。

子ども達はそれぞれのエネルギーについて,自分なりにまとめていく。

そして,どういったエネルギーが理想的か,討論させる。

個人の利益だけでなく,社会やまわりの人々,環境,未来のことも考えて意思決定しなくてはならない。教師が自分が正しいと思っている解を一方的に示すことをせず,子どもが自分なりに判断できればよしとする。

こういった,教師が答えを示さない授業を,時々すべきである。

そうすることで,子ども達は,自分で情報を集め,自分で判断する姿勢が育ってくる。

生活場面でも,授業でも,意思決定を自分でさせる場面を用意して,自分の意思で歩む姿勢を育てていきたい。

第5章

個人の自立と集団の自治を促す

第5章　個人の自立と集団の自治を促す

1　精神的な自立を促す

1　子どもを精神的に自立させるために

　自立のためには，様々な場面で，自分自身で判断して動くことができなくてはならない。

　指示されて動くのではなく，自分自身の意思で，適切な行動を選択することが求められる。

　自分自身の意思で行動することは，言ってみれば，「精神的な自立」である。誰かに依存し頼る姿勢ではなく，自分の意思で生きる姿勢をもたせるのである。

　このような「精神的な自立」は，一朝一夕で身につくものではない。

　学校生活のあらゆる場面で教えられることで，だんだんと身につくことである。

　例えば4月に，保健室で耳の検査があったとする。

　検査に行く前に，教室で子ども達に尋ねる。

「保健室で，何に気を付けたらよいですか」

「静かに待つ」，「音をたてないようにする」などの意見が出るだろう。

「どうして静かにする必要があるのですか」

「耳の聞こえ具合を検査するので，うるさくしていると，正しく検査できないからです」などの理由が出るだろう。

　そして，保健室に行く。子ども達は静かに順番を待つことができる。

　検査が終わって，次のように言う。

「とても静かに待てましたね。立派でした。

　……でも今日は，先生が前もって，望ましい行動はどんな行動か，を考え

るよう促しましたよね。でも、いつもいつも、先生が確認するわけではありません。1年後には、自分でどういった行動が望ましいかを考えることができるようになってほしいのです」

このように、4月の段階で、「自分で考えて行動できるようになってほしい」と語るようにする。その上で、機会をとらえて、望ましい行動を考えさせるようにしていけばよい。

このような「精神的な自立を促す指導」をしているかどうかは、教師によってまったく違う。

ある教師は、毎日何十回も考える機会を与えている。しかし、他の教師は、行動の指示ばかりで、理由を教えない。考えさせることもしない。

1年後、どちらが、自分で考えて動ける子になっているかは自明である。

2 思い切って子どもに任せてみる

最初の段階では、望ましい行動を教えるのが中心となる。

その状況でどう行動するのが適切なのかを考えさせ、望ましい行動の例を示していく。

そして、だんだんと、手を離して、子どもに任せていけばよい。

例えば、避難訓練。教師が逐一説明してしまって、こういうときはこう逃げよう、と教えるのは、避けたい。

そうではなくて、いったんは子どもに考えさせることが大切だ。

「職員室が火事になったとき、どこから外に出るのが安全ですか？」

「休み時間に、火事の放送が鳴ったら、どう避難しますか？」

「火事のときの避難で、気を付けることは何ですか？」

このように、せっかくの避難訓練の機会なので、子どもに様々な場合を考えさせる時間をとればいいのである。

避難訓練をうまくやろうとすることだけに意識がいっている教師がいる。これでは本末転倒である。本当に火事になったときに、安全に逃げること

ができる子，命を守ることができる子を育てるための訓練である。訓練がうまくいくかどうかは，枝葉末節のことである。

望ましい行動を教えた後で，2学期からは，思い切って手を離してみるとよい。子どもに判断・行動させ，後で評価をし，指導・助言をすればいい。

いつまでも，教師が先まわりして教えていたら，温室育ちになってしまう。教えたのなら，思い切って子どもに任せてみる。そうしないと，子どもの精神的な自立は，いつまでも達成されないことになってしまう。

3 集団の自立のために

集団としての自立を促す道筋も，個人の自立を促す道筋と同じである。

> ①教師が望ましい行動や考え方を教えていく段階
> ②だんだんと子ども達に任せていく段階
> ③自治を促す段階

最初は，望ましい行動や考え方を教えていく。

状況に合わせて，こんな行動が望ましいと教える。

そして，だんだんと子どもに任せていくのである。

もちろん任せるのは，教師にとって，ちょっとした勇気がいる。子どもだけでは失敗することも多いからだ。喧嘩やトラブルが起きることだってある。

でも，任せようとしないと，いつまでも，子どもは教師に頼ってしまう。

学級の自治を実現しようと思ったならば，一通り教えたことは，子どもに思い切って任せてみるのがよい。

時々やってみるとよいのは，教師が「今日はあまり指示をしないよ」，という日を決めてしまうことである。

「今日はみんなだけで，1日楽しく生活できるか，やってみましょうか。先生はあまり指示をしませんよ」と告げる。

それで，子どもだけで満足する1日を送ることができれば，自治ができ

ている証拠である。

　思わぬ機会に子どもの自治ができるかどうかが試されることがある。例えば，教師が風邪を引いたときなどである。

　風邪を引いて，教師の声が出なくなったとしよう。

　声が出ないので，指示ができない。そんな状況になったとき，子ども達がどう動くかで，自治の程度がよく見える。

　1度，子どもに1日の動きを任せてみるとよい。

　教師がいなくても動けるのか。みんなが満足するような1日になるのか。

　それとも，教師が動けないと，子ども同士がぶつかり合い，けなし合って，不満が募る1日になるのか。それまでの指導が反映されてよく分かる。

　私は1度，風邪でのどを痛めているときに，合唱指導を続けて，声が出なくなったことがある。かすれた小さな声しか出なくなったのだ。その日は，「先生は声が出なくなりました」と黒板に書き，「だから，今日はみんなだけで，行動できるかやってみてね」と書き足した。

　このとき受けもっていたのは，4年生。

　黒板の字を読んだ子ども達は，嬉々として「先生がいなくても，大丈夫だよ～！」とか，「みんなで動こうね！」などと言ってくれた。

　そして，その通り，楽しく子どもだけで1日を過ごしてくれたのである。授業も，小さな私の声を聞き取ろうと一生懸命耳を傾け，しかも，自分達でできるだけ学習を進めようとしてくれた。「先生を助けないと」という気持ちで，いつもより頑張っていたぐらいである。

　出張のときなど，自治ができているかどうかが如実に分かる。教師がいなくても，子ども達だけで，楽しく満足して過ごせるかどうかが見えてくる。最初は教えることに力を注ぐが，機会を見計らって，子どもに任せるところを任せ，自治を促していきたい。

第5章　個人の自立と集団の自治を促す

2 リーダー体験を通して、よりよい集団をつくる力を育てよう

1 リーダー体験を通して得られるもの

　リーダーの体験を通すことで、「集団の利益を考えることの大切さ」を学ばせることができる。

　係の長や、班長になると、自分1人のことだけを考えて行動するわけにはいかなくなる。構成員みんなのことを考えて、次の行動を決めなくてはならない。こういった経験を通して、集団の利益を考えつつ、自分のやりたいことを実現していく方法を体得していく。つまり、協調の心を育てることができるのである。

　また、リーダーシップを学ばせることもできる。リーダーをすると、みんなを引っ張っていくことが必要になる。そのため、今まで人の後についていっていた子が、指示をしたり、話をまとめたりといった行動をとらざるを得なくなる。こうして、リーダーシップも鍛えられる。

　このように、リーダー体験をすることで、多くのことを学ばせることができる。

　特に注目したいのは、リーダーを体験させることで、子どもに「みんなへの意識」や「集団としての調和を考える姿勢」が育つことである。

　例えば、リーダーを1度経験した子は、集団の構成員になったとき、リーダーの言うことをよく聴くようになる。

　これは、リーダーの大変さを体験的に知ったからである。リーダーがみんなをまとめられるよう、構成員として貢献しようと思うのである。

　つまり、リーダー体験をすることで、構成員になったときの行動も望ましいものに変化してくるのである。

心理学者のアルフレッド・アドラーは，自分のことだけでなく，みんなのことも考えることを，「共同体感覚」と呼んだ。

　リーダー体験を通すことで，共同体感覚を養うことができるのが，最大のメリットである。

2　リーダー体験の場を用意する

　学級には，リーダー体験をする場は数多くある。

　例えば，「係活動のリーダー」，「学級イベントのリーダー」，「授業の中で構成された学習チームのリーダー」，「学級での話し合い活動の司会」，「生活班の班長」など，様々ある。

　1年間子ども達を担任する中で，全員に何度もリーダーをさせたい。

　そのため，どのリーダーも，固定するのではなく，学期ごとや月ごとなどで，変えていくとよい。

　私の場合，どの子がリーダーを何回したかを，名簿にチェックするようにしていた。時に，リーダーをする子が，特定の子に偏っていることもある。子どもの中には，リーダーをやってみたいのだけれど，遠慮している場合もある。また，勇気がなくて，立候補ができない場合もある。

　そのような場合は，「先生がサポートするからきっとできるよ」と励まして，リーダーを勧めていた。

　もちろん，回数の少ない子に，無理矢理リーダーをさせる必要はないが，案外子どもはリーダーをやってみたいと思っているものである。

　他のリーダーの場として，「遊びチーム」でリーダーをつくったこともある。「遊びチーム」とは，休み時間にサッカーで遊ぶチーム，鬼ごっこをするチーム，バスケットボールをするチームといった具合に，遊び仲間でグループをつくる取り組みである。それぞれ遊びのチームの中には，リーダーがいて，みんなの意見をまとめたり，遊びを仕切ったりするのである。

　このような授業や仕事，休み時間などの様々なチームで，リーダーを設定

第5章　個人の自立と集団の自治を促す　141

することが可能である。

3 様々な子をリーダーにしていく

　様々な機会にリーダーを設定することは，前年度までリーダーなど1度もやったことがないといった子にとってよい機会になった。
　例えば，外遊びが苦手な子が3人で集まって，「雨の日に将棋をするチーム」をつくり，その中でリーダーを決めたことがあった。
　リーダーになった子は，普段は大人しくて，みんなの後ろについていく子だった。しかし，リーダーに決まると，自然とみんなを引っ張っていき，友達の意見をしっかりと聴いて取り入れる積極性が見られるようになった。
　高学年の学級では，あいさつチームなど，「学校全体に貢献するチーム」をつくったことがある。時々，校門の前で全校のみんなに向けて元気よく挨拶をするのである。このときも，たすきや旗を身につけさせ，「挨拶隊長」を任命し，学級全員で学校全体の学級をまわって，挨拶を呼びかけた。
　どの子も隊長になると，責任感も増して行動する姿が見られた。
　おもしろいのは，普段はやんちゃで自分勝手な子が，リーダーになったとたん，隊員の人柄を考えて，「優しい感じのAさんは，低学年の学級に挨拶に行って，それで元気な感じのB君は中学年の学級に挨拶でいいかな？」などと仲間のことを考えて発言する姿が見られたことである。
　学級パーティなどのイベントをするときは，3人〜4人でチームをつくらせ，そのチームで1つの役割を任せることが多かった。
　例えば，室内ゲームを考えるチーム，外遊びを考えるチーム，飾り付けや景品などの演出を考えるチーム，司会進行とプログラムを考えるチームといった具合である。チームごとに，リーダーを決めて，仕事を進めるように促した。
　様々な機会にリーダーになる機会をつくり，異質の集団と一緒に1つの目的に向かって挑戦する体験を通していく。リーダーを体験した子は，よりよ

い集団をつくろうとする姿勢と力が，自然と育っていく。
　リーダー体験は，学級全員に何度もさせたいことである。

4　リーダーに立候補しない場合

　リーダーは，基本的に立候補で決めていく。
　教師が無理矢理やらせると，指名された子のモチベーションが高まらないからである。
　ところが若い先生から，「リーダーに立候補する子がいないのです」といった悩みを聞くことがある。
　もし，学級にリーダーをしたい子が，ほとんどいない場合にどうすればよいだろうか。
　これには，2つの解決方法がある。
　1つは，リーダーをやってみたいと思える環境をつくり出すことである。4月の段階では，立候補者が少なくてもよしとして，数名に，リーダー役をやってもらう。
　このとき，教師がそのリーダーをしっかりと助け，リーダーがきっちりと責任を果たせるようにしていく。リーダーをやった子は，成功体験を味わい，充実した時間を過ごすことができる。教師はリーダーの仕事ぶりをほめ，リーダー体験をしたことで，こんなに成長したという事実を，学級に紹介していく。つまり，リーダー体験の意味を，学級全体に共有させていくのである。リーダーに損をさせず，リーダーをやってよかったと本人に思わせるだけでなく，まわりにもリーダー役をやると楽しそうだと思わせるのである。このことで，他の子も，あの先生の元ではリーダーをやってみたいと思えるようになる。
　もう1つの解決方法は，個々の子どもに「君はこのような形のリーダーが向いているよ」と勇気づけておくことである。
　例えば，私の場合は，毎日の日記のやりとりの中で，「君は，友達をまと

めるのが上手だから,いつか〇役のリーダーに立候補してくれると嬉しいな」「〇さんは人の話をしっかりと聴くことができるから,話し合いのときの司会をやってくれると嬉しいな」などと伝えるようにしていた。

　適材適所で,その子のよさが生かせる形のリーダーに推しておくのである。このような励ましの言葉をかけ続けることで,やがて,リーダーに立候補しようとしなかった子も,立候補の手を挙げるようになる。

　リーダーをやりたいと思えるような環境をつくり,その子のよさが生かせる形でのリーダーを見つけ,君ならできると励ます。環境づくりと励ましの2つがあれば,きっと多くの子が立候補の形で,リーダーをやってくれるはずである。

【参考文献】A・アドラー著,岸見一郎訳『子どもの教育』一光社

第5章　個人の自立と集団の自治を促す

3　学んだことを生かせるかどうか確認し，自分で考えて動く姿勢を育てる

1　「自立を促す言葉かけ」のレベルを高めていく

　先に「ちょっとした場面で自立を促す言葉かけをしていくことが大切だ」，と述べた。その「言葉かけ」の仕方は，1学期から3学期へと，だんだんとレベルを高めなくてはならない。
　1学期は，前もって望ましい行動の仕方を考えさせたり，教えたりすることが，中心であった。しかし，いつまでも，教師が先まわりして世話をするばかりでは不十分である。3学期に向けて，子どもに任せてみることが必要になってくる。
　「自分で考えなさい」と突き放すことも，時には必要になる。
　「転ばぬ先の杖」として，教師が前もって言葉かけをするのではなく，子どもに任せ，子どもの行動の後で言葉かけをするようにしていくとよい。

2　子どもの行動を確認し，教えたことができた子をほめる

　例えば宿泊研修があって，そこで，「5分前集合」を教えたとする。
　宿泊研修の最後に，次のように言っておく。
　「学校でも実践できるといいね」
　そして，山の学校が終わっての休み明け。
　さっそく朝の全校朝礼がある。
　教師は特に指示をせず，さっさと集合場所へ行っておく。
　そして，子ども達が5分前集合ができているかどうかを確認する。
　朝礼が終わり，教室に戻って尋ねる。

「今日，5分前までに集合場所へ行けた人？」
半数ぐらいが手を挙げる。
「山の学校で5分前集合を勉強しましたね。それが生かせた人はすばらしい」とほめる。
きちんと早めに集合場所へ行っていた子は，よかったと思う。
遅刻した子は，「次こそは，5分前に集まっておこう」と思う。
次も，こういった活動があったら，確認をとる。
確認の時間は，せいぜい10秒ぐらいである。
「5分前に集まれた人？」できた子が挙手する。
「さすがですね。ちゃんと5分前集合を覚えていました」と言う。
きわめてシンプルである。ただ確認をして，ほめているだけである。
しかし，これが大きな効果を生み出す。
「教えられたことを生活に生かそう」という意識が生まれるのである。
そして，教師に言われなくても，5分前に集まれる子に育っていく。
指導時間はたったの10秒程度。しかし，子どもに，自分で考えて動くことを促すことができるのである。
自立へ導く指導は，こういった日常的なささいな教師の言葉かけが極めて大切となる。
いつも先まわりして教師が，「5分前集合するように」などと助言していると，確かに5分前には集合ができる子にはなる。しかし，教師が指示をしないと集まれない子になってしまう。
教えた後，あえて，的確な指示を出さず，子どもに任せてみることが必要なのである。

3　学んだことを生かせているかどうか確認する

体育で，筋力をつかう運動をしているときのこと。
子ども達は何も言わないと，自分なりの方法で，それぞれやっている。

ここで，少し前に学習した，国語の説明文を思い出させる。
　「前に勉強した国語の説明文を思い出しなさい。力を入れるときは，息を吐くのがよいのか，吸うのがよいのか，止めるのがよいのかどれがよいと書かれていましたか」
　すると，子ども達はハッとして，「そうだった！」，「そういえば，安全に，しかも力がよく出る方法を学んだんだった！」と口々に声をあげる。
　こういった場面で，「学んだことを，自分から生活に生かそうとしなさい」と教えていくことができる。
　これをもし，1学期と同じように，最初から教師が先まわりして，「説明文の内容を思い出させていたら，子どもはいつまでも「教師の教え」を待ってしまい，考えて行動する姿勢が育たなくなってしまう。
　あえて，とりあえず運動をやらせてみて，できていないことを確認し，前に学習したことを生かしなさいと助言していくのである。そうするから，「しまった！」，「そういえばそうだった」と，子ども達は，次から自分で考えて行動しようと思うようになっていく。

4　授業でも，子どもにだんだんと任せていく

　授業でも，時に突き放して，子どもに任せてしまう場面をつくりたい。
　もちろん，教えた後の話である。
　教えた後に，子どもに活用させる場面をつくるのである。
　例えば，授業で学んだ内容を，自分なりの言葉でまとめさせる場面。
　理科ならば，課題に対する答えを考察部分に書くことを教えるはずである。
　何度も教えて，ある程度できるようになったところで，子どもに任せて，教師が子どものまとめを評定してやればよい。
　ここで，次のような子がいるはずである。
　「自分なりの答えが思いついているけど，先生の答えと違っているかもしれないから，書かないでおこう」

第5章　個人の自立と集団の自治を促す　147

「いつも先生が最後はまとめを書いてくれるから，それを待っていよう」
　こういった受け身の姿勢をもつ子がいる場合，時には，突き放すことも必要になる。
「今日は，先生はまとめを書きません。それで，みんながまとめを書けるかどうか，確認して，評価します」
　このように，急に突き放すのである。子ども達は，「えっ！？」，「そんな〜」と絶句する。
　趣意説明もしておく。「自分なりの答えを書いた人と，正解を写しただけの人とでは，勉強の深みは違ってきます。自分なりの答えを書いた方が勉強になるのです。多少，見当外れでもいいから，自分なりに今日の理科で分かったことを書けばよいのです」
　こう言っても，「書けないよ〜」とか，「ダメだ思いつかない！」と途方に暮れている子がいるかもしれない。
　そういうときは，教師は励ましていけばよい。
「今，「難しいなあ」とか，「何を書いてよいのかわからない」とつぶやいた人，自分に負けそうになっています。でも絶対できますよ」
「難しいからと言ってすぐにあきらめてはいけないよ」
「自分の力で歩もうとしない人は，友達と共に歩くことはできないよ。それだとただの甘えになるから」
　こんな声かけを続けていると，受け身だった子も，だんだんと自分の学びを書くようになってくる。
　授業でも普段の生活場面でも，今までに教えた内容を生かそうとしているかどうかを，教師が確認し，助言してやるとよい。

第5章　個人の自立と集団の自治を促す

4 自分の意思で選択する場面を用意する

1 自分の意思で選択する経験を積ませる

　自分の意思で歩む姿勢を身につけるには，子どもに意思決定の経験を積ませることが大切だ。
　自分の意思で，やりたいことを選択し，自己決定させていくのである。
　その経験を積ませることで，子どもの精神的な自立を促すことができる。
　反対に，誰かに依存し，言われるがままに決める「受け身の態度」が定着すると，自立がおぼつかなくなる。
　もちろん，助言を行ったり，情報を与えるのはよい。
　その上で，最終的には子どもに決定させるのである。
　例えば，放課後に陸上競技の練習があるとする。そんなとき，「自分は何の競技を練習してよいのかわからない」と，訴える子がいる。
　もしそんな子がいたら，次のように助言をしてやればよい。
　「2つの考え方があるよ。1つは，得意なものをもっと得意にすること。もう1つは苦手な競技に参加して，少しでも苦手をなくすようにすること。先生は，得意なものをもっと得意にするのがいいと思っている。○さんは，高跳びと，幅跳びは平均以上にできているから，どちらかに挑戦するのがいいと思う。でも，選ぶのは自分だから，好きな種目を選んでかまわないよ」
　このように，教師が助言をした上で，最終的な決定は，子どもにさせていくようにしたい。

2 授業でも子どもに自己決定させる場は様々ある

　授業においても，子どもに自己決定を促す場面がある。
　例えば，私の勤務校では，算数において，3つのコース別少人数制がとられていた。
　1つ目のコースは，教師にたくさん質問ができる「ゆっくりコース」。
　2つ目は，復習問題も含め，多くの問題を解いて習熟を図る「問題たくさんコース」。
　3つ目が，問題数は多くないが，問題の解き方や，考え方の原理まで追究する「考え方を深めるコース」である。
　子ども達に，それぞれのコースのやり方を説明し，授業を体験させ，その上で，子どもに自由に選ばせるシステムがとられていた。
　もちろん，保護者にもコースの説明をし，子どもに助言してもらっていた。
　体験してみないと分からないと言う子には，各コースを1単元分体験させ，教師の助言がほしいという子には，助言を与えるようにしていた。
　その上で，最終的にコースを選ぶのは，子ども自身にさせていた。
　自分で意思決定した結果，勉強ができるようになればよいのだ。
　しかし，中にはコース選びに失敗する子もいる。その場合は，相談に乗ってやり，子ども自身が一番よいと思えるコースを一緒に考えるようにしていた。
　体育も似たような選択制で授業を進めることがあった。
　例えば，水泳では，コース別練習システムを取り入れていた。
　まず，平泳ぎ練習コースと，クロール練習コースに分かれる。
　どちらを練習してもよいが，初心者にはまず平泳ぎから取り組むよう助言する。初歩の平泳ぎで25mが泳げたら，クロールの25mはすぐ達成できるからである。とはいえ，どちらを練習してもよいことにしていた。
　さらに，それぞれの泳法で初級と中級と上級の3つのコースに分けていた。
　初級は，25mを目指す初歩のコースである。

中級は，50mを目指すコース。

　上級はすでに50mを泳げる子で，よりフォームを整え，無駄な力を使わずに泳げるようになるコースである。タイムを縮めたい子はここに入る。

　要するに，全部で6種類のコースがあることになる。

　これを子どもに自由に選ばせる。習熟度に分かれて練習できるので，泳げない子は泳げるようになるし，もともと泳げていた子はフォームが美しくなる。どの子も伸びるというわけである。（メニューの詳細は，拙著『どの子も必ず体育が好きになる指導の秘訣』学事出版に示してある。）

　ささいな選択場面を用意し，教師が助言するにしても，最終決定は子どもにさせる。このような経験を小学校から積み重ねていきたい。

3　自己決定させる際の注意点

　子どもが何らかの判断を決定する際，過去の自分や，まわりのネガティブな助言に左右されるということがある。

　例えば水泳で，過去，嫌な思いや失敗をしていたら，前向きな判断ができなくなってしまう。

　水泳を休みがちになったり，最初から「どうせできない」とあきらめてしまったりするのである。

　反対に過去によい体験があれば，水泳に積極的な姿勢で臨むことができる。

　まわりの意見もくせ者である。「あなたには，どうせ無理」とか，「これぐらいがちょうどいいよ」などと，低い目標を進められることがある。

　相手は善意で助言していることが多いために，始末が悪い。

　ネガティブな助言を受けることで，大きな目標に挑戦するのに，二の足を踏むことだってあるだろう。

　「過去の自分」と「まわりのネガティブな助言」に左右されないようにするには，子どもが判断する際に，できるだけ「自分がこうなりたいという気持ちから決定すること」を促していきたい。

第5章　個人の自立と集団の自治を促す　151

つまり，何らかの進路を選択するには，目標が必ず必要になる。自分の目標に合致するかどうかを考えさせ，「自分がこうなりたい」と心から思える道を選択するよう促していくのである。

　例えば，志望校の選択場面。自分の夢や目標と合致しており，自分が本当に行きたいと思える進路を選べばよいのである。

　心から行きたい進路は，もしかすると，今の自分からは高い目標に位置するかもしれない。

　それを教師やまわりの人間は，「無理だよ」とは，決して言わないことだ。

　そうではなくて，その志望校に合格するには，これぐらいの内容を勉強しておく必要があるとか，1日に何時間ほど勉強したらよいとかを助言してやるのである。必要な情報を与えるようにするのだ。

　そして，最終的には，子どもの決定を尊重する。もちろん，選択は子ども自身が自由に行う。自己判断なのだから，責任も自分にあることは教えておかないといけない。

　自由な選択を尊重しないと，「過去の自分」に捕らわれ，「まわりのネガティブな助言」に依存した判断しかできなくなってしまう。

　判断した結果，思わしくない結果が起きそうならどうするか。それは，教師やまわりの人間が積極的に相談にのっていけばよい。子どもの考えに耳を傾け，願いを聞くのである。そして，判断に必要な情報を提供したり，現状を教えたりするのである。

　また，反省の時間をとって，今の目標に向かっての努力の程度や，結果のよし悪しについて考えさせることも大切だ。時には，努力の方向ややり方を軌道修正することも必要だろう。

　「子どもの相談にのり，情報を提示する」ことと，「現状を反省する時間をとり，軌道修正する」の2つがあれば，子どもは，自分の望む目標に向かって歩み続けることができるはずである。やがて，自分自身で必要な情報を集め，自己反省しながら，自己判断することができるようになってくる。

第5章　個人の自立と集団の自治を促す

5 自由な判断には自己責任が伴うことを教える

1 自由な判断には，自己責任が伴う

　子どもに自己判断を促す際，教えておくことがある。
　それは，自分で自由に判断したことは，自己責任が原則ということである。自己責任だからこそ，自己判断に重みが伴ってくる。まわりに迷惑がかかっていないかどうか考える必要があるし，悪い結果が起きないように慎重な判断が求められる。
　自己責任を教えるのは，そんなに難しくない。
　日常的な，ちょっとした場面で教えることができる。
　例えば，家庭学習を，どの程度しているかを子どもに確認する場面。
　私の勤務した小学校では，「学年×10分＋10分」は机に向かって学習をするよう言っていた。家庭での学習習慣をつけるためである。
　といっても，私から与える宿題は，少ない方であったと思われる。「日記のみ」とか，「明日の10問漢字テストの練習のみ」といったものが多かった。できる子なら，ものの5分で終わる量である。
　宿題をやったとしても，家庭学習の時間に到達しないことが多々ある。そこで，どうしていたか。
　子どもには，「自主勉強」をすすめていた。
　「先生は，最低限の宿題しか出しません。でも，決められた時間，自分で課題を決めて，机に向かって勉強するのですよ」と。
　そして，自主勉強のメニューを4月に配っていた。メニューには，「読書，視写，物語づくり，教室に置いてある算数の難問，科学実験，観察スケッチ，新聞記事の考察，テスト前の復習」などを示していた。

そして，読書でも，絵を描くのでも何でもいいから，決められた時間は机に向かいなさいと言ってきた。

ただし，中には，自主勉強をしてこない子もいる。

例えば，夏休み明けに漢字50問テストがあるのに，復習をしなかった。その結果，覚えていた漢字を忘れてしまって，点数がとれなかったとしよう。

このようなときこそ，「自分で判断して，起きた結果は，自己責任」を教えるチャンスである。

「忘れることは誰でもあります。覚えるためには，繰り返し何度も，練習することが大切です。この話を，何度もしていましたね……。

復習をしていなかった人は，漢字を忘れていました。

復習をしていた人は，漢字を覚えていました。

復習するもしないも，どちらを選んだにせよ，選んだのは自分です。

どの道を選ぶのかは，自分の自由ですが，選んだ以上，責任も，自分にあります」と，こんな話をする。

こうして，自主勉強をやってきた子をほめ，やってきていない子に助言をすることで，だんだんと勉強をやってくるようになるというわけである。

受け身の子にありがちなのは，自分で決定したことなのに，悪い結果が起きると，人のせいにすることである。依存から脱し，精神的な自立を促す上で，このような考え方を正す必要がある。

2 適切な判断ができるようになるために

自由な判断には，自己責任が伴う。そのため，判断には慎重さが求められる。時間をかけずに，適当に判断するのは御法度である。

子どもには，正しい判断の仕方を教えなくてはならない。

正しく判断するには，根拠となる情報が必要になる。

例えば，先の自主学習の例で言えば，忘却曲線を例にして，「復習をするとこんなに忘れるのを防ぐことができる」と説明してもよい。

「学者は，このような勉強のコツを言っているよ」といった情報を教えてもよい。

他にも，「職業にはこんな種類があって，こんな勉強を身につけておかなくてはいけないよ」といった情報を与えてもよい。

情報を与えた上で，最終判断は自分で決めさせるのである。

そして，何かを決める前には，必ず情報を集めるようにするのだということを教えていくようにする。

実は，情報を集めて自己判断するというのは，授業でも行っていることである。偏りのある情報だけでなく，その反対の情報も幅広く集める。最終的に，情報全体を考慮した上で，最終的な自分なりの結論を出す。

こういった授業で行っていることを，生活の場面でも行うよう促していきたい。

3 責任の取り方を教える

選択の結果，よい結果が起きたのなら，それでいい。

しかし，もしも悪い結果が起きたのなら，その責任の取り方も教える必要がある。

ある年，子ども達が，地域の畑を荒らしたことがあった。

畑近くで遊んでいて，苗を痛めつけてしまったのだ。

休日明けに，私が指導することになった。

話を聞くと，子ども達は，「その場所で遊んでもいい」と判断したということだった。苗が植えているのに，その近くで木の棒を振りまわしてもよいと思ったのだ。つまり，自分の自由な意思で，楽しいことを優先させてしまったのである。

自由に判断して，起きたことは自己責任である。

それも悪いことが起きてしまっている。きちんと，後始末をさせるべきだ。

私は子どもに，次の指示を与えた。

「やってはいけないことをやってしまった。悪いことをしたときは，ちゃんと謝らないといけない。謝るときは，どこが悪かったかを言うこと。そして，次に起きないようにするために，自分は何に気を付けるかを言うことが大切です」

保護者に，何があったのかを説明し，謝罪することを，子どもに約束させた。畑の持ち主には，私の方で謝りに行くので，子ども達には保護者に謝罪をするように言ったのだ。

後は，保護者の判断で，畑の持ち主に電話１本入れるなりすればよいと考えていた。

夜になって，子どもの家に確認の電話をした。

すると，保護者と一緒に，その苗を直しに，畑に行った子がいることが分かった。畑の持ち主の家まで行って，親子共々謝罪したという。これはすばらしい教育だと感心した。

畑の近くで遊ぶのはその子の自由だが，もしそれで何らかの結果が出たのなら，自己責任で後始末もしなくてはならない。こういったことが，体験的に学べたのである。

よいことが起きたら，その判断をほめることで，自己責任を教えることができる。

悪いことが起きたときは，後始末までさせることで，自己責任を教えるチャンスとなる。

機会があるごとに，自己責任を教えていきたいものである。

第5章　個人の自立と集団の自治を促す

6　学級の自治を促す

1　主体性を発揮して動くよう促す

　学級経営の最終段階は，子どもによる自治を成立させることである。
　自治は，一朝一夕には難しい。
　日々の指導の中で，子ども達に主体性を発揮するよう促し続けなくてはならない。
　例えば，夏休み空けに掃除をするとしよう。
　教師が全部やることを指示してしまっていては，子ども達が主体で動くことはできない。
　そうではなく，次のように主体性を促していくのである。
　まず，掃除の前に，趣意を説明する。
　「40日の休みの間に，随分，教室にほこりがたまりました。今日は，みんなが気持ちよく２学期を迎えることができるように，学校をきれいにします」
　次に，「どこを掃除したらよいかな？」と子ども達に尋ねる。
　出された意見を，黒板に書いていく。
　足りないところや，具体的な掃除のやり方は，教師が教える。
　しかし，分担は任せる。
　このように，教師が，掃除の内容も方法も全て指示するのではなく，子どもに任せられるところは，任せていくようにする。
　「方向性を示してから」，「子どもに任せていく」ようにするのである。
　一部子どもに任せるのと，教師が全部指示するのと，大して違いはないように思えるかもしれない。

しかし，少しでも子どもに任せる部分をつくることが，子ども達の主体性を引き出すきっかけになる。
　しばらく掃除をしていると，子どもから次のような案が出される。
「先生，ロッカーの裏側も汚れています。ロッカーを動かします」
「先生，ベランダのほこりがすごいです。水をかけてもいいですか」
　このように，自分達で汚いところを見つけて，工夫して掃除をするようになるのである。
　こういった言葉は，教師が全部指示をしてしまっている状況からは出ない。子どもに何か1つでも，「どうやったらよいと思う？」，「何をしたらよいと思う？」と尋ねているからこそ，出てくる言葉なのである。
　もちろん，子どもの出した案はできるだけ認めることが大切になる。
「ここはきれいにした方がよいと思ったら，自分達でどんどんきれいにしてね」と子どもに任せていく。
　こうすれば，子ども達が，役割分担を適宜変えながら，様々な場所の掃除をしていくことができる。

2　集団の主体性を発揮させるためのポイント

　子どもが主体性を発揮し，集団として教師に頼らずに動く瞬間は，いったいどんなときに訪れるのか。
　まず，前提として，子ども達に，動きたい気持ちをもたせることが必要となる。
「学級のみんなのために動きたい」とか，「自分も含め，みんなと一緒に充実した生活を送りたいから動きたい」といった気持ちを引き起こすのである。
　先の掃除の例で言えば，なぜ掃除をするのかの趣意を説明することで，「気持ちよく2学期を迎えるために動く」ということが，共通理解されていた。
　趣意が理解できていたからこそ，子ども達は自然とみんなのために動いた

のである。

　次に，子ども達が掃除のやり方を分かっていたということがある。

　1学期の時点で，掃除のやり方は理解できていたので，臨機応変に動くことができたのである。

　さらに教師が，子どものやり方を認め，子どもの意見を承認する姿勢をもっていたことも要因の1つである。

　子どもに意見を求め，子どもができることは任せていく。

　そういう姿勢をもっていたからこそ，子ども達は自分達で工夫して動けたのである。

　このように，自然と子どもに動きたいという気持ちを引き起こし，子どものアイデアや行動を認めていく形で，自治を促していくとよい。

　学級の運営を無理矢理子どもに任せる形での自治は，下手をすると，教師の仕事の放棄につながってしまう。

　そうではなく，学級集団としての動きを，子どもに任せられるところは任せていくという姿勢が大切になる。

　もとより，教師は先導していくのが仕事である。リーダーシップを発揮するのが仕事である。

　しかし，1年の後半になっても，力強くリードするばかりだと，子どもは受け身になってしまう。受け身のままだと，学級の自治はおぼつかない。

　半年過ぎたら，教師には「子どもの力を引き出す姿勢」が必要になる。

　教える場面では，教師がリーダーシップを発揮し，どんどん教えていけばよかった。

　しかし，任せる場面では，子どものやり方を受け容れ，子どもの力が発揮するのを助けるようにすべきである。

3　自治を強化するシステムをつくる

　さらに自治を進めるには，自治をより効果的に実行していくためのシステ

ムをつくるとよい。

例えば，学級で問題が発生することがある。

それを，子ども達に解決させるシステムをつくるのである。

よくある例が，学級で話し合いをして，問題を解決するシステムを取り入れることである。問題が発生したら，その問題をどう解決するかを，子ども達に話し合わせるわけだ。

気を付けたいのが，子ども達に話し合わせても解決不可能な問題を，取り扱うことである。あくまで，子どもに任せられるところのみ，任せていくようにしたい。

また，何か学級のみんなのために役に立つことを考えたら，それを実行するためのシステムも必要になる。

例えば，学級を明るくするためのイベントをしたいとなれば，そのイベントを実行するための係を自由に立ち上げてもよいことにする。これも，1つのシステムである。

また，子どもに企画書を書かせ，その企画書が通ったら，新しい取り組みをしてもよいことにするのも1つのシステムである。

このような，子どもの思いを具現化するシステムをつくると，より自治は促される。子どもが動きたいと思うのが先にあり，その思いに合わせて，システムをつくっていく形をとるとよい。

主体的に動く気持ちを引き出し，さらに，主体的に動くためのシステムがあれば，より学級自治が成立しやすくなるだろう。

4 子どもの意見を吸い上げるシステムをつくる

学級経営の中に，子どもの意見が取り入れられるようにすることも，自治を促すには大切なことだ。

例えば，教育相談では，1人1人の子どもに約10分の時間をつかって面談を行う。

このときに、子どもに尋ねていく。
「最近、〇さんは、よく頑張っているように見えるけど、どうして？」
「発表をたくさんできていてとてもいいと思う。すごく積極的になったね。これから、さらに頑張りたいことはあるかな？」
「クラスの雰囲気はどう？どうやったらもっとよいクラスになると思う？」
　ポイントは、「あなたを頼りにしている」、「大切に思っている」という思いをもって質問することである。そして、子どもの話を真剣になって聞くようにする。
　これは子どもにとって大変嬉しいことである。教師が、真剣になって自分の意見に耳を傾けてくれるからである。
　自己肯定感を高めるきっかけになるし、自分で判断して動こうと思うきっかけにもなる。
　特によく聞いていたのが、「このクラスをもっとよくするために、どうすればよいか？」という問いである。
「先生にできることでも、みんなができることでも、学校ができることでも何でもいいから教えてほしい」と尋ねるようにしていた。
　そして、子どもが何を言おうと、ものすごく真剣なまなざしで、耳を傾け、肯定するようにしていた。
　こういった教育相談を続けていると、そのうち、何人もの子が、私に頻繁に助言をしてくれるようになった。
「先生、このときは、こういうシステムにすればよいと思います」
「先生、ここがこうだめなので、このように変えればよいと思います」
「こんなイベントをすればよいと思います」
　私の場合、子どもからの直言があったら、その多くを採用していた。
　子どもなりに、教師に何か苦言を呈するのには勇気がいるものだ。だからこそ、苦言のような助言をしてくれた子の意見をよく採用していた。
　そして、感謝の言葉を伝えるようにしていた。「先生にとってはまったくの盲点だった、ありがとう。教えてくれないとわからなかったよ」と。

第5章　個人の自立と集団の自治を促す　161

さらに，「自分がよいと思ったことは，どんどんやってほしい」と付け加えた。子ども達に任せてもうまくいきそうなアイデアは，グループをつくって取り組ませた。例えば，教室をもっと明るく飾りつけたいとか，みんなが頑張ったときにはパーティをするといった取り組みである。
　教師が子どもの意見を学級経営に取り入れていると，子ども達に，「自分でよい学級をつくるのだ」という意識が見られるようになってくる。
　そうなったら，子どものアイデアを具現化するためのシステムをつくるようにすればよいのである。
　子ども達は，アイデアが浮かぶと，学級のみんなに提案して，それを実行してくれるようになる。例えば，古本を教室に置いたら，みんなも読めていいとか，〇〇大会をして一番を決めようとか，いろいろなことを考えて動くようになる。
　子どもの意見を取り入れることは，学級の自浄作用を促すことにもなる。
　定期的に，子どもにアンケートをとってもよい。
　私がよく聞いていたのは次のようなアンケートだった。
「この学級でよいところは何か」
「この学級をもっとよくするには，どうすればよいか」
　そして，案が出たら，それをもとに会議をすることもあった。
　学級の問題で，子どもに解決できそうなものは，会議に任せて解決させる。
　どんな学級でも，不備や欠点があるものだ。完成された学級というものはない。子どもの意見を常に聞き取り，学級の状態を更新し続けることが大切になる。

第5章 個人の自立と集団の自治を促す

7 学級自治の具体的内容と筋道

1 自治のイメージ

　学級自治の段階まできたら，子ども達は自然と，「自分の意思をもって，自分達のことは自分でやる」ようになる。
　そうなったら，自然と自治ができるよう，教師が導いてやるとよい。
　自治とは，別の言葉で言えば，「子どもが主体となって企画し，集団の話し合いを通して，何らかの行動を行う」ことである。
　それは，特別活動でもいいし，何らかの行事の企画でもいいし，学級イベントでもよい。
　他にも，話し合いや，係活動で，自治を発揮させることもあるだろう。
　係活動を，「学級だけでなく，全校に広げる」といった実践もある。
　私も，学級の係活動を自由に組織させ，全校の子ども達を対象にイベントを行うところまで発展させた年もある。
　自治といえば，かつて，「子ども達を分団に分けて，学級を自治させる」といったやり方があった。
　戦前では，遠野尋常高等小学校で行われた「遠野教育」などが有名である。
　奉仕部，学習部などの部を学級につくり，自治を促していく取り組みである。
　例えば，学級に足りない用具があると子どもが訴えると，道具を用意する部が，学級の予算の要求をして必要なものを購入するといった具合である。
　これはこれで，学級を運営していくための1つの手法である。
　ただし，子どもに任せるといっても，自ずとその限界がある。
　もしも，教師がやるべき仕事まで任せているとするならば，行き過ぎであ

る。

　本書の示す自治は，あくまで，「自分の意思をもって，自分達のことは自分でやる」といった，子どもの自立を支援する形の自治である。

　教師の仕事を肩代わりさせて，学級の運営を子どもに任せるといった形ではないことに注意してほしい。

2 「自立」と「子どもの本人の意思による依存」

　子どもの行動は，「自分の意思で，主体的に行っているか」，それとも「他者によって統制されているか」で，ずいぶん動きが変わってくる。

　統制とは，何らかの心理的・物理的な「圧力」をかけられて行動していることを意味する。

　統制が強すぎると，子どもの「自然な自治」は生まれにくくなる。

　それに，統制が強すぎると，子どもの自主性や主体性がそがれてしまう。

　あくまで，子どもが，「自分が自分の行動を選択している」，「自分で自分のまわりの環境をコントロールできている」といった思いをもてるようにしなくてはならない。

　大人も同じで，人は，次の状況のときに，やる気がわいてくるのである。

①**何を頑張るかは任されている。**
②**しかし，頑張ればそれに見合う承認や励ましがある。**
③**やっていることは，自分が望んだものである。**

　ただし，子どもの自立を支援するとはいっても，丸投げは禁物である。

　時には，教師の助けが必要となる場合がある。

　その場合は，あくまで子どもが助けてほしいときに，陰で支える役目をしていけばよい。

　言葉をかえれば，「子どもの本人の意思による依存」とも言えるものである。

　つまり，こういうことになる。

子どもは，自分の意思で何らかの行動をしたいと思い，そして行動に移る。
　失敗しそうになったら，教師に助けを求め，依存することもある。
　しかし，自分でできそうなときは，自分で解決する。
　そんな自由意思による依存を認めていくのである。
　そして，「自分の意思で主体的に動きたい」といった思いが子どもから出てきたところで，それを助ける形で，自治を進めていけばよいのである。

　自治を進めるにあたり，教師は変わらなくてはならない。
　つまり，1学期は指示ばかり与えていたリーダー像から，やがて次のようなリーダー像へと変貌をとげなくてはならないのである。

> ①十分な情報を提供し，その上で選択権を与える。
> ②子どもにやりたいことを考えさせ，子どもの考えに耳を傾ける。
> ③子どもに任せて，陰ながら支える。

　十分な情報なしに選択の機会を与えても，負担に思われるだけである。
　いろいろな情報を提供し，その上で，子どもに選択の機会を与えなくてはならない。
　それでこそ，子どもは，自分で自分の行動やまわりの状況をコントロールできていると感じることができるのである。
　子ども自身に，自分がやりたいことは何なのか，を考えさせる機会をとるのも大切になる。そして，子どもの意見を傾聴していくのである。
　最後に，子どもが自分から動き始めたら，それを陰で支えなくてはならない。
　子どもが助けてほしいと言えば，助け，順調なときは，その努力を認めていくとよい。

3 具体的な活動例

自治には，大きく3つの形がある。

1つは，学級の中で，子ども達でできることはやらせていくという「任せる自治」。

2つ目は，「どこを変えたらよいか」，「もっとよくするにはどうするか」といった，学級をつくっていく上で子どものアイデアを集めるようにする「尋ねる自治」。

3つ目は，何らかの問題が発生したときに子どもに解決させていく，「問題解決の自治」である。

つまり，教師は大きく3つの取り組みを入れればよいことになる。

① 「任せる自治」
② 「尋ねる自治」
③ 「問題解決の自治」

「任せる自治」では，例えば，係活動の自由度を高くして，子どもが考えることをどんどんやらせていけばよい。また，イベントをしたいという子がいたら，それも任せていくとよい。

「尋ねる自治」では，教師が子どものアイデアを募り，学級づくりに，子どものアイデアを採用していくようにすればよい。

「問題解決の自治」では，何らかの問題が発生したときに，会議をすることによって，解決方法を考えさせるとよい。

つまり，次のような活動を想定しておくとよいのである。

① 「任せる自治」→イベント，係などをかなり自由に任せていく
② 「尋ねる自治」→よりよい学級にするためのプロジェクトチームを立ち上げる
③ 「問題解決の自治」→問題を解決するための会議を適宜行う

ちなみに，②の「尋ねる自治」で，よくある活動例は，改めてどんな学級にすべきかを話し合わせることである。

学級の子ども達にとって,最もよい目標や行動をつくるには,子ども達自身を,その目標や行動を設定する過程にかかわらせればよいのである。

　「市民性を育てる」ことが重視されている現在,市民が政策にかかわっていく態度や資質を育てなくてはならないとされている。

　学級も同じで,子ども達自身に,「どんな学級をつくりたいのか」を考えさせ,それを実行させていけばよいのである。

　例えば,「学級の憲法」をつくることや,「学級の今後の取り組み」考え,実行するプロジェクトチームをつくってもよいのである。

　具体的なやり方は次のようになる。

①この学級でのよさを,できるだけたくさん挙げさせる。
　　（学級の強みやよいところを意識させる）
②さらによい学級にするために,何ができそうかを考えさせる。
③すぐに実行できそうな案がある場合は,プロジェクトチームを組織して実行させる。

　学級の子ども達は,年によって実態が異なっている。

　それぞれの年で,よさが違うわけである。

　そのよさを生かす形で,よりよくするための取り組みを考えれば,学級の悪いところは,学級の長所にかき消されていく。

　学級のよさを生かす方向で,案を考えさせると,楽しみながら,学級をよりよくする活動が生まれてくるはずである。

【参考文献】
『遠野教育における学級「組織」原理と「自治協働」―「高学年の学級経営」を中心に』岩手大学教育学部研究年報,岩手大学教育学部研究年報65, 53-79, 2005

第5章　個人の自立と集団の自治を促す

8 人や社会に貢献する喜びを体験させよう

1 自立に必要な「人や社会の役に立つ姿勢」

　自立の姿勢が育ってくると，まわりと協調しながらも，自分の意思で，夢に向かって歩むことができるようになる。

　まわりの意見を聞き，自己修正をしながら，最終的には自分で判断して歩むことができる。

　もし，問題が生じたら，まわりに助けを求めることもできる。また，まわりと協調して，一緒になって解決することだってできる。

　このような自立の姿勢が育ってきたら，自立を意図した学級経営は，ほとんど成功していると言える。

　ただし，自立に向けて，あと1つだけ身につけさせたい姿勢がある。

　それは，「人や社会の役に立つ姿勢」である。

　自分の夢に向かって歩むとき，まわりに迷惑をかけるようでは困る。

　最低限，人に迷惑をかけるものであってはならない。

　できればその夢が，みんなのため，社会のためになるものであった方がよい。

　「人や社会の役に立つ姿勢」をもたせるには，「人や社会に貢献する喜び」を体験させる必要がある。

　社会に貢献する活動をし，その結果，人から感謝される。そして，自分でも，人や社会に役に立ったという充実感を得る。このような体験をすることで，また次も人や社会の役に立ちたいと思えるようになっていく。

　そのため，授業や学級活動など，様々なところで，「社会貢献の活動」を取り入れるとよい。

2 貢献活動を行う時間を確保する

　貢献活動には,様々なものがある。
　学校の中で役立つ活動でもよいし,行事の中で地域に貢献することだってできるだろう。
　世界の困っている人のために,何かの貢献を考えるといったこともできる。
　是非やりたいのが,ボランティアを授業で教えることである。ボランティアを扱った授業は,主に総合的な学習の時間に行うことができる。
　例えば,バリアフリーについて学習するとしよう。
　その場合は,車いすに乗った人は,どんな気持ちなのかを,体験させる授業を行う。車いすを大量に借りてきて,体育館に段差や坂道をつくり,実際に子どもに車いすを使用させる。
　他にも,アイマスク体験や,点字の体験,高齢者体験など,様々な体験を小学生段階で行うことが可能である。
　こういった体験をすると,子ども達はバリアフリーに関して,実感をもって考えることができる。そして,何か貢献できることはないかを考え,行動しようとする意識が出てくる。
　例えば,地域の施設でバリアフリーを呼びかけるとか,実際に学校でバリアフリーの取り組みを取り入れるとか,そういう行動を起こすようになっていく。

3 貢献活動を通して,人や社会に役に立つ姿勢を育てる

　貢献活動は,学年が上がるにつれて,範囲を広げることが可能である。
　例えば,6年生ぐらいになると,地域に貢献活動を広げていくことが可能である。
　総合的な学習の時間などを使って,地域の高齢者の役に立つ活動をしたり,高齢者施設のためにできることを考えたりする。

1度，地域貢献活動として，地域を見てまわり，問題を探して解決するといった学習をしたことがある。
　地域の問題といっても様々ある。公園が汚れているとか，街頭がないと暗い場所があるとか，崖で遊ぶ子がいて危ないとか，車がよく通るところの白線が消えかかっていて危ないとかである。
　そういった問題点を解決するために，自分達には何ができるのかを考えさせた。
　もちろん，全ての問題を子ども達だけで解決することはできない。
　例えば，歩道の白線が消えかかっているといっても，勝手に塗るわけにはいかない。きちんと歩道を管理している機関に連絡をしてみて，どうしたらよいのかを尋ねてから，行動をするわけである。
　公園がゴミで汚れているといっても，勝手にゴミ箱を設置したり，ポスターを設置することはできない。やはり公園を管理している機関に連絡をしてみて，こんなアイデアを考えましたが，いかがでしょうかと尋ねる必要がある。
　このような連絡も含め，地域のために行動することで，分かってくることがたくさんある。
　例えば，公園の落ち葉や雑草を清掃する活動1つにしても，こんなに手間がかかることや，苦労があることが体験で分かる。
　地域がいつのまにかきれいになっているのは，誰かが掃除や修繕をしてくれていることに気付いていくのである。
　しかも，貢献活動が終わったら，地域や関係機関の人から御礼の言葉，ねぎらいの言葉をいただけることがある。そんなとき，貢献してよかったという気持ちがわいてくる。
　貢献活動を通して，人や社会に貢献する喜びを体験できるのである。
　このような貢献活動を1度すると，不思議と地域を大切にする気持ちが芽生えてくる。温かく地域の人に接することができるようになる。
　貢献活動を通し，「人や社会の役に立つ姿勢」を養っていきたい。

あとがき

　幼稚園の年長になると，「自分のことは自分でしなさい」と教えられる。

　そして，後片付けや学習の準備などを，自分でできるようになる。

　さらに，年少組のお世話をしなくてはならなくなる。ここで，人のために動くことを学ぶ。

　「自分は年長だからしっかりしよう」という姿勢が生まれてくる。

　幼稚園の年少組にとって，年長組は，ものすごくお兄さんお姉さんに見える。実際大人から見ても，しっかりと動けている。

　幼稚園であっても，自立を意識した指導をすると，1年後には子どもに自立心が出てくるものなのだ。

　小学生や中学生ならなおさらである。

　特に小学校4年生ぐらいになれば，ずいぶんと自立を意識させることができる。

　4年生を受けもつと，1年後には，自立の基礎ができあがってくる実感がある。

　本書で紹介した「将来の夢を考えさせる実践」も，2分の1成人式を迎える4年生で行ったものである。

　ちなみに，ドイツの基礎学校（小学校）の中には4年制をとっているものがあり，卒業後の進路を決めるのも，日本で言う4年生の時期になる。小学校4年生でも，将来の進路を自分で考えることを求められるのである。

　ただし，子どもを自立に導くには，次の前提を満たす必要がある。

> 子どもを自立に導くための学級経営の理論と方法を，教師が知っている。

　実は，学級経営をしていく上で，上のような理論と方法とを学んだと答える現役教師は皆無に等しい。

なぜなら，教員養成大学で「学級経営」の具体的な方法論を教わっていないからである。
　しかも，教師になってからも，教わる機会は皆無である。
　せいぜい「係や当番の組織の仕方」，「学級会の仕方」，「集会活動の仕方」ぐらいを，初任者研修で教わる程度である。
　学級経営の方法を知らなければ，子どもを自立に導くことは難しい。
　いや，すでに現場は，荒れた学級が普通に見られるようになった。

　小学校1年生には，小学校1年生なりの自立のレベルがある。
　中学校3年生には，中学校3年生なりの自立のレベルがある。
　ピラミッドのどの段階からスタートして，この1年間でどこまでのレベルまで伸ばすことをねらうのか。
　それを考えるだけでも，本書は役に立つと思う。
　さらに，次の学年で，どのレベルまでをねらうのか。
　学級編成によっては，また下の段階からスタートすることにもなるだろう。荒れた子や自己肯定感の低い子がいるなら，自信をつけ安心させるところから始めなくてはならないからである。
　それでも是非，自立を促す指導を継続してほしいと願っている。
　私は，1つ上の段階まで学級が到達することだけでも，すばらしいと考えている。子ども達の成長には時間がかかる場合もあるからである。
　本書に示した理論と方法は，過去の先人の学級経営を参考にし，現代に適応させたものである。
　義務教育を終える年。
　「もう学校や教師に頼らなくても，自分で判断して行動できる」
　そのように，子どもが自信をもって言えるようにしてやりたい。
　本書の完成にあたり，明治図書編集部の及川誠氏には，企画段階から様々なご支援をいただいた。記して感謝申し上げる。

【参考文献一覧】

芦田恵之助国語教育全集刊行会編『芦田恵之助国語教育全集』明治図書
斎藤喜博著『斎藤喜博全集』国土社
東井義雄著『東井義雄著作集』明治図書
鈴木道太『生活する教室 北方の教師の記録』東洋書館
村山俊太郎著『村山俊太郎著作集』百合出版
石橋勝治著『石橋勝治著作集』あゆみ出版
小西健二郎著『学級革命 子どもに学ぶ教師の記録』国土社
向山洋一著『斎藤喜博を追って 向山教室の授業実践記』明治図書
築地久子『生きる力をつける授業』黎明書房
有田和正著『有田和正著作集 「追究の鬼」を育てる』明治図書
野口芳宏著『鍛える国語教室―野口芳宏著作集』明治図書
野口芳宏著『野口芳宏第2著作集 国語修業・人間修業』明治図書
田中正浩訳『マリア・モンテッソーリ 人間の可能性を伸ばすために―実りの年6歳から12歳―』エンデルレ書店
マリア・モンテッソーリ著, 阿部真美子訳, 白川蓉子訳『モンテッソーリ・メソッド 世界教育学選集 77』明治図書
A. アドラー（著），岸見一郎（翻訳）『子どもの教育』一光社
大羽蓁・奥野茂夫編『児童心理学』ナカニシヤ出版
谷田貝公昭, 成田國英, 林 邦雄編『道徳教育の研究』一藝社
A.H. マズロー著 金井壽宏監訳, 大川修二訳『完全なる経営』日本経済新聞出版社
A.H. マズロー著, 小口忠彦訳『人間性の心理学 モチベーションとパーソナリティ』産業能率大学出版部
エドワード・L. デシ（著），リチャード・フラスト（著），桜井茂男（翻訳）『人を伸ばす力―内発と自律のすすめ』
波多野誼余夫（著），稲垣佳世子（著）『知的好奇心』中央公論新社
ルドルフ・ドライカース（著），Rudolf Dreikurs（原著），宮野栄（翻訳）『アドラー心理学の基礎』一光社
ロバート・W. ランディン（著），Robert W. Lundin（原著），前田憲一（翻訳）『アドラー心理学入門』一光社

【著者紹介】

大前　暁政（おおまえ　あきまさ）

岡山大学大学院教育学研究科（理科教育）修了後，公立小学校教諭を経て，2013年4月より京都文教大学准教授に就任。複数の大学の教員養成課程において，教育方法学や理科教育学などの教職科目を担当。「どの子も可能性をもっており，その可能性を引き出し伸ばすことが教師の仕事」ととらえ，現場と連携し新しい教育を生み出す研究を行っている。文部科学省委託体力アッププロジェクト委員，教育委員会要請の理科教育課程編成委員などを歴任。理科の授業研究が認められ「ソニー子ども科学教育プログラム」に入賞。日本初等理科教育研究会，日本理科教育学会所属。

〈著書〉

『スペシャリスト直伝！　板書づくり成功の極意』（明治図書）
『プロ教師の「子どもを伸ばす」極意』（明治図書）
『スペシャリスト直伝！　理科授業成功の極意』（明治図書）
『プロ教師直伝！　授業成功のゴールデンルール』（明治図書）
『プロ教師の「折れない心」の秘密』（明治図書）
『若い教師の成功術「ちょっと先輩」からアドバイス』（学陽書房）
『必ず成功する！学級づくりスタートダッシュ』（学陽書房）
『必ず成功する！授業づくりスタートダッシュ』（学陽書房）

など多数。

学級経営サポートBOOKS
子どもを自立へ導く学級経営ピラミッド

2015年3月初版第1刷刊　Ⓒ著　者　大　前　暁　政
　　　　　　　　　　　　　発行者　藤　原　久　雄
　　　　　　　　　　　　　発行所　明治図書出版株式会社
　　　　　　　　　　　　　　　　　http://www.meijitosho.co.jp
　　　　　　　　　　　（企画）及川　誠（校正）及川　誠・牛山志穂
　　　　　　　　　　　〒114-0023　東京都北区滝野川7-46-1
　　　　　　　　　　　振替00160-5-151318　電話03(5907)6704
　　　　　　　　　　　ご注文窓口　電話03(5907)6668
＊検印省略　　　　　　組版所　株式会社アイデスク

本書の無断コピーは，著作権・出版権にふれます。ご注意ください。

Printed in Japan　　　　　　　　　　ISBN978-4-18-182018-3

明日からの学級づくり・授業づくりがこの1冊で変わる！

学級を最高のチームにする極意
最高のチームを育てる 学級目標
赤坂 真二 編著

作成マニュアル&活用アイデア

「最高のチームを育てる学級目標」をテーマに、集団づくりにおける学級目標の意味と役割を徹底解説。「作成マニュアル&活用アイデア」で、学級目標をチームづくりに活かす具体的な活動の流れを丁寧にナビゲートしました。学級を最高のチームに育てるアイデアが満載！

A5判
本体 1860 円+税
図書番号 1853

学級を最高のチームにする極意
一人残らず笑顔にする 学級開き
赤坂 真二 編著

小学校〜中学校の完全シナリオ

学級を最高のチームにするには、最高のスタートから。ベストセラー『学級を最高のチームにする極意』待望のシリーズ化。1巻目は「子ども達を一人残らず笑顔にする学級開き」をテーマに、1年間を明るく笑顔のあふれる学級にするための学級開きの極意を伝授します。

A5判
本体 1800 円+税
図書番号 1852

今さら聞けない！特別支援教育 Q&A
青山 新吾 編

個々の発達障害への対応を学ぶことから、通常学級での取り組みや授業のユニバーサルデザインまで。特別支援教育にかかわる内容や専門用語について、職員会議や保護者との会話の中で「あれ?」となった時に手にとれる、Q&A形式の特別支援教育の基本用語辞典。

四六判
本体 1000 円+税
図書番号 1648

THE教師力ハンドブック
子どもたちのことが奥の奥までわかる 見取り入門
西川 純 著

会話形式でわかる『学び合い』テクニック

「あの子がなぜ?」「子どもが考えていることがわからない」。そんな悩みを解決する、簡単だけど強力な"見取り"に関する三つのノウハウ。気になるあの子から、集団の見取りまで。『学び合い』を活用した名人レベルの見取りの極意を、会話形式をまじえてまとめました。

四六判
本体 1600 円+税
図書番号 1664

明治図書　携帯・スマートフォンからは **明治図書ONLINE** へ　書籍の検索、注文ができます。▶▶▶

http://www.meijitosho.co.jp　＊併記4桁の図書番号（英数字）でHP、携帯での検索・注文が簡単に行えます。

〒114-0023　東京都北区滝野川7-46-1　ご注文窓口　TEL 03-5907-6668　FAX 050-3156-2790

＊価格は全て本体価格表示です。